U0588051

如何理解和推进
"第二个结合"

任初轩◎编

人民日报出版社
北京

图书在版编目（CIP）数据

如何理解和推进"第二个结合"/任初轩编 . — 北京：人民日报出版社，2023.7

ISBN 978-7-5115-7922-5

Ⅰ.①如…　Ⅱ.①任…　Ⅲ.①马克思主义－发展－中国－文集　Ⅳ.① D61-53

中国国家版本馆 CIP 数据核字（2023）第 142463 号

书　　名：如何理解和推进"第二个结合"
　　　　　RUHE LIJIE HE TUIJIN "DIERGE JIEHE"
作　　者：任初轩

出 版 人：刘华新
策 划 人：欧阳辉
责任编辑：曹　腾　季　玮
版式设计：九章文化

出版发行：人民日报出版社
社　　址：北京金台西路 2 号
邮政编码：100733
发行热线：(010) 65369509　65369527　65369846　65363528
邮购热线：(010) 65369530　65363527
编辑热线：(010) 65369523
网　　址：www.peopledailypress.com
经　　销：新华书店
印　　刷：大厂回族自治县彩虹印刷有限公司
法律顾问：北京科宇律师事务所　010-83622312

开　　本：710mm×1000mm　1/16
字　　数：167 千字
印　　张：15.75
版次印次：2023 年 9 月第 1 版　　2024 年 12 月第 2 次印刷

书　　号：ISBN 978-7-5115-7922-5
定　　价：48.00 元

代　序

　　根深才能叶茂，本固才会枝荣。在 5000 多年中华文明深厚基础上开辟和发展中国特色社会主义，把马克思主义基本原理同中国具体实际、同中华优秀传统文化相结合是必由之路。这是我们在探索中国特色社会主义道路中得出的规律性的认识，是我们取得成功的最大法宝。"第二个结合"，表明我们党对中国道路、理论、制度的认识达到了新高度，表明我们党的历史自信、文化自信达到了新高度，表明我们党在传承中华优秀传统文化中推进文化创新的自觉性达到了新高度。

　　"结合"的前提是彼此契合。马克思主义和中华优秀传统文化来源不同，但彼此存在高度的契合性。相互契合才能有机结合。马克思主义传入中国后，科学社会主义的主张受到中国人民热烈欢迎，并最终扎根中国大地、开花结果，决不是偶然的，而是同我国传承了几千年的优秀历史文化和广大人民日用而不觉的价值观念融通的。把马克思主义思想精髓同中华优秀传统文化精华贯通起来、同人民群众的共同价值观念融通起来，不断赋予科学理论鲜明的中国特色，就能不断夯实马克思主义中国化时代化的历史基础和群众基础，让马克思主义在中国牢牢扎根。

马克思主义深刻改变了中国，中国也极大丰富了马克思主义。"结合"不是拼盘，不是简单的物理反应，而是深刻的化学反应。"结合"的结果是互相成就，造就了一个有机统一的新的文化生命体，让马克思主义成为中国的，中华优秀传统文化成为现代的，让经由"结合"而形成的新文化成为中国式现代化的文化形态。

中国特色社会主义道路，是在马克思主义指导下走出来的，也是从 5000 多年中华文明史中走出来的。"结合"筑牢了道路根基，让中国特色社会主义道路有了更加宏阔深远的历史纵深，拓展了中国特色社会主义道路的文化根基。中国式现代化是赓续古老文明的现代化，而不是消灭古老文明的现代化；是从中华大地长出来的现代化，不是照搬照抄其他国家的现代化；是文明更新的结果，而不是文明断裂的产物。中国式现代化赋予中华文明以现代力量，中华文明赋予中国式现代化以深厚底蕴。

"结合"打开了创新空间，让我们掌握了思想和文化主动，并有力地作用于道路、理论和制度。中国共产党为什么能，中国特色社会主义为什么好，归根到底是马克思主义行，是中国化时代化的马克思主义行。"第二个结合"是又一次的思想解放，让我们能够在更广阔的文化空间中，充分运用中华优秀传统文化的宝贵资源，探索面向未来的理论和制度创新。

中华优秀传统文化是中华民族的根和魂。"结合"巩固了文化主体性，创立习近平新时代中国特色社会主义思想就是这一文化主体性的最有力体现。习近平新时代中国特色社会主义思想坚持把马克思主义基本原理同中国具体实际相结合、同中华优秀传统文化相结合，既立足于现实的中国，又植根于历史的中国，具有强大的历史穿透力、文化感染力、精神感召力，是当代中国马克思主义、二十一世纪马克思主义，是中华文化和中国精神的时代精华，实现了马克思主义中国化时代化新的飞跃，为新时代党和国家事业发展提供了根本遵循。

实践没有止境，理论创新也没有止境。在强国建设、民族复兴的新征程上，让我们更加深刻领悟"两个确立"的决定性意义，增强"四个意识"、坚定"四个自信"、做到"两个维护"，继续推进实践基础上的理论创新，不断谱写马克思主义中国化时代化新篇章。

目　录

思想平台

理论茶座

目　录

学术圆桌

思想平台

"我们取得成功的最大法宝"

人民日报评论部

由文明而思民族，观过去以察未来。在湖南长沙考察千年学府岳麓书院时，习近平总书记强调"一定要把真理本土化"。在福建武夷山九曲溪畔的朱熹园，习近平总书记感慨"如果没有中华五千年文明，哪里有什么中国特色？如果不是中国特色，哪有我们今天这么成功的中国特色社会主义道路？"在河南安阳考察殷墟遗址时，习近平总书记指出"更深地学习理解中华文明，古为今用，为更好建设中华民族现代文明提供借鉴"……在文化的轴线上把握历史、现实与未来，习近平总书记把中华文化传承发展与中华民族伟大复兴联系起来，让中国特色社会主义道路有了更加宏阔深远的历史纵深。

在文化传承发展座谈会上，习近平总书记发表重要讲话，深入阐释"两个结合"的重大意义，指出"在五千多年中华文明深厚基础上开辟和发展中国特色社会主义，把马克思主义基本原理同中国具体实际、同中华优秀传统文化相结合是必由之路"，强调"这是我们在探索中国特色社会主义道路中得出的规律性的认识，是我们取得成功的最大法宝"。高瞻远瞩的擘画、鞭辟入里的阐述，对不断推进马克思主义中国化时代化，在新的历史起点上继续推动文化繁荣、建设文化强国、建设中华民族现代文明，在新时代坚持和发展中国特色社会主义，具有重要而深远的意义。

中国特色社会主义道路，是在马克思主义指导下走出来的，也是从五千多年中华文明史中走出来的。只有立足波澜壮阔的中华五千多年文明史，才能真正理解中国道路的历史必然、文化内涵与独特优势。比如，我们党开创的人民代表大会制度、政治协商制度，与中华文明的民本思想，天下共治理念，"共和""商量"的施政传统，"兼容并包、求同存异"的政治智慧都有深刻关联。再如，我们没有搞联邦制、邦联制，确立了单一制国家形式，实行民族区域自治制度，就是顺应向内凝聚、多元一体的中华民族发展大趋势，承继九州共贯、六合同风、四海一家的中国文化大一统传统。可以说，正是因为坚持把马克思主义基本原理同中国具体实际相结合、同中华优秀传统文化相结合，不断推进马克思主义中国化时代化，我们党才能够领导人民在一次次求索、一次次挫折、一次次开拓中完成中国其他各种政治力量不可能完成的艰巨任务，指引党和人民事业不断从胜利走向胜利，确保党始终走在时代前列、始终立于不败之地。

中华优秀传统文化是我们党创新理论的"根"，"两个结合"是推进马克思主义中国化时代化的根本途径。新时代以来，以习近平同志为核心的党中央坚持"两个结合"，勇于进行理论探索和创新，以全新的视野深化对共产党执政规律、社会主义建设规律、人类社会发展规律的认识，取得重大理论创新成果，集中体现为习近平新时代中国特色社会主义思想。这一重要思想科学回答了中国之问、世界之问、人民之问、时代之问，坚定历史自信、文化自信，坚持古为今用、推陈出新，把马克思主义思想精髓同中华优秀传统文化精华贯通起来、同人民群众日用而不觉的共同价值观念融通起来，不断赋予科学理论鲜明的中国特色，不断夯实马克思主义中国化时代化的历史基础和群众基础，无愧为中华优秀传统文化在新的历史条件下创造性转化、创新性发展的优秀典范，无愧为中华文化和中国精神的时代精华，无愧为当代中国马克思主义、二十一世纪马克思主义。

不断谱写马克思主义中国化时代化新篇章，是当代中国共产党人的庄严历史责任。只有植根本国、本民族历史文化沃土，马克思主义真理之树才能根深叶茂。前进道路上，我们要立足基本国情，顺应新时代新征程形势任务发展变化的新要求，紧贴亿万人民创造性实践，聚焦实践遇到的新问题、改革发展稳定存在的深层次问题、人民群众急难愁盼问题、国际变局中的重大问题、党的建设面临的突出问题，坚持用马克思主义之"矢"去射新时代中国之"的"，继续推进马克思主义基本原理同中国具体实际相结合、同中华优秀传统文化相结合。要增强政治自觉、思想自觉、行动自觉，学懂弄通做实习近平新时代中国特色社会主义思想，坚持好、运用好贯穿其中的立场观点方法，把这一重要思想贯彻落实到党和国家工作各方面全过程。

习近平总书记强调："我们的社会主义为什么不一样？为什么能够生机勃勃充满活力？关键就在于中国特色，中国特色的关键就在于'两个结合'。"吸吮着中华民族漫长奋斗积累的文化养分，感悟和把握马克思主义真理力量，将中华文明的精华与马克思主义立场观点方法结合起来，在延续民族文化血脉中开拓前进，我们就一定能焕发更为主动的精神力量，在强国建设、民族复兴的新征程上踔厉奋发、一往无前。

（《人民日报》2023 年 06 月 26 日第 05 版）

相互契合才能有机结合

人民日报评论部

在文化传承发展座谈会上,习近平总书记深入阐释"两个结合"的重大意义,深刻指出"'结合'的前提是彼此契合"。马克思主义和中华优秀传统文化来源不同,但彼此存在高度的契合性。相互契合才能有机结合。这样的"结合",造就了一个有机统一的新的文化生命体,让马克思主义成为中国的,中华优秀传统文化成为现代的,让经由"结合"而形成的新文化成为中国式现代化的文化形态。

惟殷先人,有册有典。弦歌不辍,薪火相传。中华优秀传统文化源远流长、博大精深,其中蕴含的天下为公、民为邦本、为政以德、革故鼎新、任人唯贤、天人合一、自强不息、厚德载物、讲信修睦、亲仁善邻等，是中国人民在长期生产生活中积累的宇宙观、天下观、社会观、道德观的重要体现，同科学社会主义价值观主张具有高度契合性。比如，马克思主义提出的共产主义社会与中华优秀传统文化的"大同社会"，马克思主义的实践观与中华优秀传统文化的知行观，马克思主义的群众观与中华优秀传统文化的民本思想……马克思主义以对社会发展规律的揭示、对人类理想社会的追寻、对实现人类解放的实践，切中了中华文化的深沉脉搏。正因为高度契合、内在融通，二者的"结合"才能产生"深刻的化学反应"，使马克思主义不仅具有"中国内涵"，而且具有"民族形式"。

马克思主义并没有结束真理，而是开辟了通向真理的道路。党的十八大以来，以习近平同志为核心的党中央高度重视中华优秀传统文化的传承和发展，开辟了马克思主义基本原理同中华优秀传统文化相结合的新境界。坚持以人民为中心的发展思想，展现"以百姓心为心"的品格，使我们党始终拥有执政的坚实根基和最大底气；推进生态文明建设，彰显"天人合一""道法自然"的哲理，让我们的祖国天更蓝、山更绿、水更清；构建人类命运共同体的理念与行动，折射"协和万邦""天下一家"的胸襟，为世界发展进步指引前进方向……

坚持马克思主义的根本指导思想,从中华优秀传统文化中寻找源头活水,一系列标志性引领性的新思想新观点新论断不断产生,植根中华沃土的马克思主义真理之树结出累累硕果。实践充分证明,"第二个结合",是我们党对马克思主义中国化时代化历史经验的深刻总结,是对中华文明发展规律的深刻把握,表明我们党对中国道路、理论、制度的认识达到了新高度,表明我们党的历史自信、文化自信达到了新高度,表明我们党在传承中华优秀传统文化中推进文化创新的自觉性达到了新高度。

当前,我国发展面临新的战略机遇、新的战略任务、新的战略阶段、新的战略要求、新的战略环境。我们深刻认识到,只有把马克思主义基本原理同中国具体实际相结合、同中华优秀传统文化相结合,坚持运用辩证唯物主义和历史唯物主义,才能正确回答时代和实践提出的重大问题,才能始终保持马克思主义的蓬勃生机和旺盛活力。新征程上,我们要更加自觉把握马克思主义和中华优秀传统文化的高度契合性,推进中华优秀传统文化创造性转化、创新性发展,使马克思主义呈现出更多中国特色、中国风格、中国气派,让马克思主义在中国大地上展现出更强大、更有说服力的真理力量。

回望历史,中华民族念诵着经史子集,走过了数千年;中国共产党在马克思主义指引下,走过了百余年。熔铸古今、汇通中西，是为旧邦新命、返本开新。展望未来，中华文明浸润于大国筋骨、融通于漫漫征途，在准确把握高度契合性的基础上更加自觉地坚持"两个结合"，我们就一定能不断谱写马克思主义中国化时代化新篇章，为强国建设、民族复兴凝聚起强大精神力量。

（《人民日报》2023 年 06 月 28 日第 05 版）

造就了一个
有机统一的新的文化生命体

人民日报评论部

北京中轴线北延、燕山脚下,中国国家版本馆中央总馆大气恢弘。文瀚阁里,"真理之光——马克思主义中国化时代化经典版本展"主题展览,引领人们感悟马克思主义真理伟力;文华堂内,"斯文在兹——中华古代文明版本展"基本陈列,引导人们领略中华民族薪火相传的文脉之盛。作为新时代标志性文化传世工程,国家版本馆浓墨重彩展示马克思主义发展史上的经典著作、手稿手迹、档案资料,以及中华文明历史的重要文物和文献,将二者荟萃一堂,从版本视角为"两个结合"写下生动注脚。

中国共产党人是马克思主义的坚定信仰者和实践者，也是中华优秀传统文化的忠实继承者和弘扬者。在文化传承发展座谈会上，习近平总书记深入阐释"两个结合"的重大意义，深刻指出："'结合'的结果是互相成就，造就了一个有机统一的新的文化生命体，让马克思主义成为中国的，中华优秀传统文化成为现代的，让经由'结合'而形成的新文化成为中国式现代化的文化形态。"马克思主义和中华优秀传统文化彼此存在高度的契合性，把马克思主义基本原理同中国具体实际相结合、同中华优秀传统文化相结合，这种结合不是拼盘，不是简单的物理反应，而是深刻的化学反应，造就了一个有机统一的新的文化生命体。

马克思主义深刻改变了中国，中国也极大丰富了马克思主义。马克思主义理论不是教条而是行动指南，必须随着实践发展而发展，必须中国化才能落地生根、本土化才能深入人心。我们党的历史，就是一部不断推进马克思主义中国化时代化的历史，就是一部不断推进理论创新、进行理论创造的历史。百余年来，我们党坚持解放思想和实事求是相统一、培元固本和守正创新相统一，不断开辟马克思主义新境界，创立了毛泽东思想、邓小平理论，形成了"三个代表"重要思想、科学发展观，创立了习近平新时代中国特色社会主义思想，为党和人民事业发展提供了科学理论指导。让马克思主义成为中国的，既葆有马克思主义之魂，更赋予中国特色、中国风格、中国气派，彰显中国人的文化自信、文化自觉、文化自主。

中华文明延续着我们国家和民族的精神血脉，既需要薪火相传、代代守护，也需要与时俱进、推陈出新。百余年来，一条脉络鲜明呈现——马克思主义真理力量激活了中华文明的强大生命力，使中华文明再次迸发出强大精神力量。以"中国梦"唤醒中国人民最深厚的文化基因；将中华优秀传统文化内涵创造性凝结于社会主义核心价值观中，推动形成崇德向善、奋发向上的社会风尚；以文化认同铸牢中华民族共同体意识……新时代以来，以习近平同志为核心的党中央不断推动中华优秀传统文化创造性转化、创新性发展，使中华民族最基本的文化基因与当代文化相适应、与现代社会相协调。让中华优秀传统文化成为现代的，既让中华文明穿越时空在新时代展现出蓬勃生机、焕发出巨大活力，更为全面推进中华民族伟大复兴提供了更为主动、更为强大的精神力量。

往深层看，中国式现代化，深深植根于中华优秀传统文化，体现科学社会主义的先进本质，借鉴吸收一切人类优秀文明成果，代表人类文明进步的发展方向，展现了不同于西方现代化模式的新图景，是一种全新的人类文明形态。马克思主义激活了历史悠久的中华文明，中华文明又为马克思主义在中国的发展注入丰富的养分，"结合"造就了一个有机统一的新的文化生命体，让经由"结合"而形成的新文化成为中国式现代化的文化形态。习近平总书记深刻指出："当代中国的伟大社会变革，不是简单延续我国历史文化的母版，不是简单套用马克思主义经典作家设想的模板，不是其他国家社会主义实践的再版，也不是国外现代化发展的翻版。"只要我们坚持"两个结合"，勇于结合新的实践不断推进理论创新、善于用新的理论指导新的实践，就能不断丰富发展中国式现代化的文化形态，努力建设中华民族现代文明。

对历史最好的继承，就是创造新的历史；对人类文明最大的礼敬，就是创造人类文明新形态。站立在浸润优秀传统文化的中华大地上，手握科学真理，脚踏人间正道，沐浴文明辉光，铸就社会主义文化新辉煌，不断续写马克思主义中国化时代化新篇章，我们信心满满、底气十足！

（《人民日报》2023 年 07 月 03 日第 05 版）

拓展了中国特色社会主义道路的文化根基

人民日报评论部

秉持"奉法者强则国强，奉法者弱则国弱"等精神，以中国特色社会主义法治体系定分止争；吸纳"天人合一""万物并育"等理念，生态文明制度体系日趋健全；汲取"和而不同""求同存异"等智慧，中国共产党领导的多党合作和政治协商制度不断完善……纵观古今，可以深切感受到，中华文明为坚持和发展中国特色社会主义提供了无比坚实的支撑、无比丰厚的滋养。

我们开辟了中国特色社会主义道路不是偶然的，是我国历史传承和文化传统决定的。在文化传承发展座谈会上，习近平总书记深入阐释"两个结合"的重大意义，指出"'结合'筑牢了道路根基，让中国特色社会主义道路有了更加宏阔深远的历史纵深，拓展了中国特色社会主义道路的文化根基"，强调"中国式现代化赋予中华文明以现代力量，中华文明赋予中国式现代化以深厚底蕴"。中国特色社会主义道路，是在马克思主义指导下走出来的，也是从五千多年中华文明史中走出来的，具有深厚的底蕴、强大的生命力。

中华文明的连续性，从根本上决定了中华民族必然走自己的路。如果不从源远流长的历史连续性来认识中国，就不可能理解古代中国，也不可能理解现代中国，更不可能理解未来中国。翻开风起云涌的红色篇章，中华优秀传统文化一直作为蕴含其中的动力之源，贯穿于中国共产党的百年奋斗历程。1944年，美国记者福尔曼赴延安和华北抗日根据地进行了5个月的采访，写下"共产党员极端注重他们的文化"的观点。我们党开创的人民代表大会制度、政治协商制度，与中华文明的民本思想，天下共治理念，"共和""商量"的施政传统，"兼容并包、求同存异"的政治智慧都有深刻关联；我们没有搞联邦制、邦联制，确立了单一制国家形式，实行民族区域自治制度，就是顺应向内凝聚、多元一体的中华民族发展大趋势，承继九州共贯、六合同风、四海一家的中国文化大一统传统。正如习近平总书记强调的,"只有立足波澜壮阔的中华五千多年文明史,才能真正理解中国道路的历史必然、文化内涵与独特优势。"历史和实践充分证明,中国特色社会主义道路,开拓于中国人民共同奋斗,扎根于中华大地,是给中国人民带来幸福安宁的正确道路。

新时代以来,我们党成功推进和拓展了中国式现代化,不断丰富和发展了人类文明新形态。"中国式现代化"之所以被冠以"中国"二字,在于其为中华文明所滋养,与中国实际相符合,最终为中国人民所选择。"民惟邦本,本固邦宁"的思想,与"人口规模巨大的现代化"连贯一致;"治国之道,富民为始"的理念,与"全体人民共同富裕的现代化"相融相通;"仓廪实而知礼节,衣食足而知荣辱"的追求,为实现"物质文明和精神文明相协调的现代化"提供价值支撑;"天地与我并生,而万物与我为一"的智慧,化作对"人与自然和谐共生的现代化"的不懈追求;传承"亲仁善邻,国之宝也"的胸怀,中华民族致力于"走和平发展道路的现代化"……历史和实践充分证明,中国式现代化是赓续古老文明的现代化,而不是消灭古老文明的现代化;是从中华大地长出来的现代化,不是照搬照抄其他国家的现代化;是文明更新的结果,不是文明断裂的产物。中国式现代化是中华民族的旧邦新命,必将推动中华文明重焕荣光!

凯歌而行,不以山海为远;乘势而上,不以日月为限。今天,中国有坚定的道路自信、理论自信、制度自信,其本质是建立

思想平台·

在五千多年文明传承基础上的文化自信。我们创造了伟大的中华文明，我们也能够继续拓展和走好适合中国国情的发展道路。新时代以来，在以习近平同志为核心的党中央坚强领导下，我们从中华优秀传统文化中汲取治国理政的理念和思维，坚定不移走中国特色社会主义道路，创造了新时代中国特色社会主义的伟大成就。新征程上，脚踏中华大地，传承中华文明，走符合中国国情的正确道路，党和人民就具有无比广阔的舞台，具有无比深厚的历史底蕴，具有无比强大的前进定力。

习近平总书记强调："如果没有中华五千年文明，哪里有什么中国特色？如果不是中国特色，哪有我们今天这么成功的中国特色社会主义道路？"从青铜之韵，到汉唐气象，再到今天的大国风范，一个文明悠长、日新月异的中国，正坚定走在自己开辟的大道上。面向未来，继续推进"两个结合"，坚持道不变、志不改，沿着中国特色社会主义道路奋勇前行，就一定能把我国发展进步的命运牢牢掌握在自己手中，在新时代新征程上创造新的更大奇迹。

（《人民日报》2023 年 07 月 06 日第 05 版）

让我们掌握了思想和文化主动

人民日报评论部

延续中华民族"修史立典，存史启智，以文化人"的传统，党的二十大前夕，党中央批准实施的重大文化工程《复兴文库》一至三编出版发行。在所作的序言中，习近平总书记勉励要"萃取历史精华，推动理论创新""不断推进马克思主义中国化时代化"，发出"坚定历史自信、把握时代大势、走好中国道路"的时代强音。以古之规矩，开今之生面，体现着"坚定文化自信，就是坚持走自己的路"的高度自觉和主动。

在文化传承发展座谈会上，习近平总书记深入阐释"两个结合"的重大意义，指出"'结合'打开了创新空间，让我们掌握了思想和文化主动，并有力地作用于道路、理论和制度"，强调"'第二个结合'是又一次的思想解放，让我们能够在更广阔的文化空间中，充分运用中华优秀传统文化的宝贵资源，探索面向未来的理论和制度创新"。马克思主义和中华优秀传统文化彼此存在高度的契合性，"结合"造就了一个有机统一的新的文化生命体，这本身就是创新，同时又开启了广阔的理论和实践创新空间。

在新的历史起点上继续推动文化繁荣、建设文化强国、建设中华民族现代文明，要坚定文化自信，坚持走自己的路，立足中华民族伟大历史实践和当代实践，用中国道理总结好中国经验，把中国经验提升为中国理论，实现精神上的独立自主。扎根中国土壤，方有源头活水、充沛养分；坚持独立自主，方可"任凭风浪起，稳坐钓鱼船"。正如习近平总书记强调的："我们党在革命、建设、改革各个历史时期，坚持从我国国情出发，探索并形成了符合中国实际的新民主主义革命道路、社会主义改造和社会主义建设道路、中国特色社会主义道路，这种独立自主的探索精神，这种坚持走自己路的坚定决心，是我们党不断从挫折中觉醒、不断从胜利走向胜利的真谛。"坚持"两个结合"，就要更加注重精神上的独立自主，更加具有"在中国大地上探寻适合自己的道路和办法"的高度自觉和坚定自信。

文化自信是更基本、更深沉、更持久的力量。坚定中国特

思想平台·

色社会主义道路自信、理论自信、制度自信，说到底是要坚定文化自信。中华优秀传统文化的丰富哲学思想、人文精神、教化思想、道德理念等，可以为人们认识和改造世界提供有益启迪，可以为治国理政提供有益启示，也可以为道德建设提供有益启发。比如，统筹推进"五位一体"总体布局、协调推进"四个全面"战略布局，文化是重要内容；推动高质量发展，文化是重要支点；满足人民日益增长的美好生活需要，文化是重要因素；战胜前进道路上各种风险挑战，文化是重要力量源泉。立足当前，我们比以往任何一个时代都更有条件破解"古今中西之争"，也比以往任何一个时代都更迫切需要一批熔铸古今、汇通中西的文化成果，为理论和制度创新奠定更加坚实的文化基础。

这些年，"未来已来"这个词很流行，但也不能忘了"过去未去"。文化不是凝固的雕塑，而是流动的活水；水往哪个方向流，与现实的实践需要和社会制度密不可分。比如，今天全面推行的河湖长制，借鉴吸收了中国古代的治水智慧。在古代，基层水利管理者负责维护日常用水秩序、修筑堰坝、疏浚圳沟等，在农业生产中发挥了重要作用，"渠长""河长""湖长"等均可见于传世文献。先贤们在水利管理制度方面的探索与实践，为当今的河湖治理提供了宝贵借鉴。现在，河湖长制带来河湖"长治"，江河湖泊面貌发生历史性变化，"小切口"带来了"大转变"。由此来看，从中华优秀传统文化中汲取治国理政的理念和思维，可以为回答今天的时代课题提供智慧和启示。方此之际，只要我们能够在更广阔的文化空间中，充分运用中华优秀传统文化的宝贵资源，探索面向未来的理论和制度创新，把中华优秀传统文化中蕴含的宝贵而丰富的中国价值、中国智慧和中国精神充分激活并有效运用起来，就一定能战胜各种风险挑战、实现既定奋斗目标。

"周虽旧邦，其命维新。"几千年前，中华民族的先民们就秉持变革和开放精神，开启了缔造中华文明的伟大实践。面向未来，站立在浸润优秀传统文化的中华大地上，坚持"两个结合"，坚持与时俱进、守正创新，我们的道路无比宽广、我们的前景无比光明！

（《人民日报》2023 年 07 月 10 日第 05 版）

续写马克思主义中国化时代化新篇章

——"两个结合"的理论逻辑

人民日报评论部

北京市昌平区，燕山脚下，中国国家版本馆中央总馆坐落山间。文瀚阁里，"真理之光——马克思主义中国化时代化经典版本展"主题展览，以马克思主义发展史为基本脉络，荟萃经典著作、手稿手迹、档案资料。1867 年出版的《资本论》德文第一卷、300 余个版本的《共产党宣言》、《论持久战》不同版本、多语种多卷本的《习近平谈治国理政》……2000 多册（件）经典版本，全面展示马克思主义中国化时代化的光辉历程，引领人们感悟马克思主义的真理力量。

马克思主义是不断发展的开放的理论，本土化才能落地生根，时代化才能充满生机。在文化传承发展座谈会上，习近平总书记强调："在五千多年中华文明深厚基础上开辟和发展中国特色社会主义，把马克思主义基本原理同中国具体实际、同中华优秀传统文化相结合是必由之路。这是我们在探索中国特色社会主义道路中得出的规律性的认识，是我们取得成功的最大法宝。"闪耀真理光芒的重大论断，揭示"两个结合"深刻的理论逻辑。

以科学的态度对待科学、以真理的精神追求真理，是中国共产党人对待科学真理的一贯立场和鲜明态度。我们党的历史，就是一部不断推进马克思主义中国化时代化的历史，就是一部不断推进理论创新、进行理论创造的历史。新时代以来，习近平总书记把中华文化传承发展与中华民族伟大复兴联系起来，将中华优秀传统文化精华融入中国式现代化的伟大实践中，指引铸就中国式现代化的文化形态……实践告诉我们，中国共产党为什么能，中国特色社会主义为什么好，归根到底是马克思主义行，是中国化时代化的马克思主义行。只有坚持"两个结合"，坚持运用辩证唯物主义和历史唯物主义，才能正确回答时代和实践提出的重大问题，才能始终保持马克思主义的蓬勃生机和旺盛活力。

习近平总书记强调"我们开辟了中国特色社会主义道路不是偶然的,是我国历史传承和文化传统决定的",指出"博大精深的中华优秀传统文化是我们在世界文化激荡中站稳脚跟的根基",提出"要把坚持马克思主义同弘扬中华优秀传统文化有机结合起来,坚定不移走中国特色社会主义道路"……党的十八大以来,以习近平同志为核心的党中央从坚持和发展中国特色社会主义、实现中华民族伟大复兴的战略高度,对中华文明的继承弘扬和创新发展进行了全方位、深层次思考,提出了一系列新的重大论断、重要思想、重要观点,以真理力量激活古老文明,以文化之光照亮复兴之路,为马克思主义中国化时代化注入了强大的文化力量、筑牢了厚实的文明根基,指引中国特色社会主义道路越走越宽广。新时代党和人民的奋进历程让我们更加深刻地认识到,"两个结合"是推进马克思主义中国化时代化的根本途径,"第二个结合"是我们党对马克思主义中国化时代化历史经验的深刻总结,是对中华文明发展规律的深刻把握,表明我们党对中国道路、理论、制度的认识达到了新高度,表明我们党的历史自信、文化自信达到了新高度,表明我们党在传承中华优秀传统文化中推进文化创新的自觉性达到了新高度。

实践发展永无止境,我们推进马克思主义中国化时代化也永无止境。习近平总书记在中共中央政治局第六次集体学习时强调："开辟马克思主义中国化时代化新境界的重大任务，是当代中国共产党人的庄严历史责任。"坚守好马克思主义这个魂脉、中华优秀传统文化这个根脉，是理论创新的基础和前提。只有植根本国、本民族历史文化沃土，马克思主义真理之树才能根深叶茂。前进道路上，我们要聆听人民心声、回应现实需要，坚持解放思想、实事求是、守正创新，把马克思主义思想精髓同中华优秀传统文化精华贯通起来、同人民群众日用而不觉的共同价值观念融通起来，坚持用马克思主义之"矢"去射新时代中国之"的"，继续推进马克思主义基本原理同中国具体实际相结合、同中华优秀传统文化相结合。

当代中国正在经历人类历史上最为宏大而独特的实践创新，改革发展稳定任务之重、矛盾风险挑战之多、治国理政考验之大都前所未有，世界百年未有之大变局深刻变化前所未有，提出了大量亟待回答的理论和实践课题。推进马克思主义中国化时代化的任务不是轻了，而是更重了。继续推进"两个结合"，不断回答中国之问、世界之问、人民之问、时代之问，我们必能使马克思主义呈现出更多中国特色、中国风格、中国气派，续写马克思主义中国化时代化新篇章，让马克思主义在中国大地上展现出更强大、更有说服力的真理力量。

（《人民日报》2023 年 07 月 17 日第 05 版）

中华文明赋予中国式现代化以深厚底蕴

——"两个结合"的历史逻辑

人民日报评论部

北京中轴线北延长线上,中国历史研究院建筑似鼎如尊。院内的中国考古博物馆,是我国第一家以考古命名的博物馆。一条"历史大道",以时间轴的形式展示了我国历史发展的重要节点和重大事件,铭刻着中华文明的悠久历史。新石器时代"7000岁"的陶人面像、朱书文字陶扁壶、彩绘龙纹陶盘,夏代二里头遗址绿松石龙形器,商代象牙杯,周代铜牺尊……一件件精美的出土文物,生动展现了中华民族先民筚路蓝缕、以启山林的足迹，充分显示了中国文化源远流长、中华文明博大精深。

只有立足波澜壮阔的中华五千多年文明史，才能真正理解中国道路的历史必然、文化内涵和独特优势。在文化传承发展座谈会上，习近平总书记深刻指出："'结合'筑牢了道路根基，让中国特色社会主义道路有了更加宏阔深远的历史纵深，拓展了中国特色社会主义道路的文化根基。中国式现代化赋予中华文明以现代力量，中华文明赋予中国式现代化以深厚底蕴。"这一重要论述，揭示出"两个结合"的历史逻辑。

怎样对待本国历史？怎样对待本国传统文化？这是任何国家在实现现代化过程中都必须解决好的问题。在漫长的历史进程中，中华民族以自强不息的决心和意志，跋山涉水、栉风沐雨，走过了不同于世界其他文明体的发展历程。从横平竖直的汉字中、从孔孟老庄的思想中、从经史子集的典范中……我们不断领悟到，中华民族是有独特品格的民族，中华文明是自成体系的文明。独特的文化传统，独特的历史命运，独特的基本国情，注定了我们必然要走适合自己特点的发展道路。从历史走向未来，在追求现代化的艰苦卓绝奋斗中，我们党坚持"两个结合"，领导人民成功走出了中国式现代化道路。正如习近平总书记深刻总结的："中国走上这条道路，跟中国文化密不可分。我们走的中国特色社会主义道路，它内在的基因密码就在这里，有中华优秀传统文化这个基因。所以我们现在就是要理直气壮、很自豪地去做这件事，去挖掘、去结合中华优秀传统文化，真正实现马克思主义中国化时代化。"

五千载绵延不绝，中华文明如浩浩江河，滋养泱泱华夏。习近平总书记强调："如果没有中华五千年文明，哪里有什么中国特色？如果不是中国特色，哪有我们今天这么成功的中国特色社会主义道路？"今天，中国有坚定的道路自信、理论自信、制度自信，其本质是建立在五千多年文明传承基础上的文化自信。我们创造了伟大的中华文明，我们也能够继续拓展和走好适合中国国情的发展道路。马克思主义基本原理同中华优秀传统文化的结合，并非"移植"或"嫁接"，而是基于中华优秀传统文化中蕴含的宇宙观、天下观、社会观、道德观等同科学社会主义价值观主张的高度契合。"第二个结合"让马克思主义真理之树植根中华优秀传统文化沃土而根深叶茂，拓展中国特色社会主义道路的文化根基，赋予中国式现代化以深厚底蕴，实现了又一次的思想解放，是我们党对马克思主义中国化时代化历史经验的深刻总结，是对中华文明发展规律的深刻把握。

新时代以来，我们党成功推进和拓展了中国式现代化，不断丰富和发展了人类文明新形态。"中国式现代化"之所以被冠以"中国"二字，在于其为中华文明所滋养，与中国实际相符合，最终为中国人民所选择。从天下为公、天下大同的社会理想，到民为邦本、为政以德的治理思想；从厚德载物、明德弘道的精神追求，到讲信修睦、亲仁善邻的交往之道……中华文明为中国式现代化提供强大的精神支撑。实践充分证明，中国式现代化是赓续古老文明的现代化，而不是消灭古老文明的现代化；是从中华大地长出来的现代化，不是照搬照抄其他国家的现代化；是文明更新的结果，而不是文明断裂的产物。正是有了"第二个结合"，中华文明赋予中国式现代化以深厚底蕴。

读懂一个有着五千多年文明史古老国度的现实逻辑，唯有置身时间长河，深刻把握其历史逻辑；传承世界上唯一自古延续至今、从未中断的悠久文明，唯有坚定不移走自己的路。穿越历史的烟云，今天的中国充满生机活力，今天的中国共产党走过世纪沧桑依然风华正茂，今天的中国共产党人将百余年前的梦想变得"更加清晰、更加科学、更加可感可行"。循大道，至万里。认准了的路，就要大胆探索，一往无前。同时也要看到，"我们的现代化既是最难的，也是最伟大的。"推进中国式现代化是一项前无古人的开创性事业，还有许多未知领域需要大胆探索，还会遇到各种可以预料和难以预料的风险挑战。我们要继续坚持"两个结合"，把马克思主义思想精髓同中华优秀传统文化精华贯通起来、同人民群众日用而不觉的共同价值观念融通起来，不断赋予科学理论鲜明的中国特色，不断夯实马克思主义中国化时代化的历史基础和群众基础，用党的创新理论及时科学解答时代新课题。

"殷墟我向往已久"。党的二十大胜利闭幕后不久，习近平总书记来到河南安阳，点明此行深意："更深地学习理解中华文明，古为今用，为更好建设中华民族现代文明提供借鉴。"不忘本来、吸收外来、面向未来，在继承中转化，在学习中超越，我们的文化绵延不绝，我们的创造生生不息。站立在浸润优秀传统文化的中华大地上，手握科学真理，脚踏人间正道，沐浴文明辉光，我们昂首阔步，我们信心满怀——"中国式现代化是中华民族的旧邦新命，必将推动中华文明重焕荣光。"

（《人民日报》2023 年 07 月 20 日第 05 版）

中国特色的关键就在于"两个结合"

——"两个结合"的实践逻辑

人民日报评论部

当前，学习贯彻习近平新时代中国特色社会主义思想主题教育正在全党深入开展，中国共产党历史展览馆持续迎来参观热潮。序厅内，600平方米的《长城颂》巨幅漆画壮丽雄浑。巍巍长城盘旋而上，象征中华民族源远流长的文明。一路走来，作为马克思主义者的中国共产党人，始终是中华优秀传统文化的忠实继承者和弘扬者，在薪火相传中团结带领中国人民走出既符合马克思主义基本原理又蕴含中华优秀传统文化基因的中国特色社会主义康庄大道。

凡树有根，方能生发；凡水有源，方能奔涌。习近平总书记在文化传承发展座谈会上深刻指出："我们的社会主义为什么不一样？为什么能够生机勃勃充满活力？关键就在于中国特色，中国特色的关键就在于两个结合。"中国特色社会主义道路，是在马克思主义指导下走出来的，也是从五千多年中华文明史中走出来的。

风雨如晦风雨兼程，大道如砥大道直行。中国道路的每一步开拓，都是基于中国国情和中华文化的实践探索。在文化传承发展座谈会上，习近平总书记指出："我们党开创的人民代表大会制度、政治协商制度，与中华文明的民本思想，天下共治理念，'共和'、'商量'的施政传统，'兼容并包、求同存异'的政治智慧都有深刻关联。我们没有搞联邦制、邦联制，确立了单一制国家形式，实行民族区域自治制度，就是顺应向内凝聚、多元一体的中华民族发展大趋势，承继九州共贯、六合同风、四海一家的中国文化大一统传统。"马克思主义传入中国后，科学社会主义的主张受到中国人民热烈欢迎，并最终扎根中国大地、开花结果，决不是偶然的，而是同我国传承了几千年的优秀历史文化和广大人民日用而不觉的价值观念融通的。回望历史，我们党之所以能够领导人民在一次次求索、一次次挫折、一次次开拓中完成中国其他各种政治力量不可能完成的艰巨任务，根本在于坚持把马克思主义基本原理同中国具体实际相结合、同中华优秀传统文化相结合，不断推进马克思主义中国化时代化，使党掌握了强大的真理力量。

伟大的事业薪火相传，思想的光芒照亮前程。前不久，在第二十九届北京国际图书博览会现场，多语种版《习近平谈治国理政》吸引众多中外读者驻足关注。透过这部权威著作，人们从对中华优秀传统文化精华的旁征博引、取精用宏中，深刻感受思想的伟力，体悟新时代中国共产党人运用中华文化智慧开创治国理政新境界的历史自觉与历史自信。传承赓续中华优秀传统文化"民为邦本"的思想，提出以人民为中心的发展思想；借鉴"政之所兴在顺民心"的治理思想，提出全过程人民民主，确保完整有序的制度程序和参与实践；将协和万邦的和合智慧与人类命运共同体理念有机结合，倡导"讲信修睦、亲仁善邻"，引领新时代的中国携手世界，弘扬全人类共同价值……新时代以来，以习近平同志为主要代表的中国共产党人，坚持"两个结合"，科学回答一系列重大时代课题，创立了习近平新时代中国特色社会主义思想。在以习近平同志为核心的党中央坚强领导下，在习近平新时代中国特色社会主义思想科学指引下，我们党团结带领全国各族人民创造了新时代的伟大成就，实现中华民族伟大复兴进入了不可逆转的历史进程，社会主义中国以更加雄伟的身姿屹立于世界东方。新时代伟大实践雄辩地证明，只有坚持"两个结合",才能始终保持马克思主义的蓬勃生机和旺盛活力,为党和人民事业发展提供既一脉相承又与时俱进的科学理论指导,指引中国号巨轮破浪前行。

习近平总书记指出:"我们要建设的社会主义现代化强国,不仅要在物质上强,更要在精神上强。"应该清醒认识到,我国作为一个人口众多和超大市场规模的社会主义国家,在迈向现代化的历史进程中,必然要承受其他国家都不曾遇到的各种压力和严峻挑战。越是面对困难挑战,越要保持对自身文化理想、文化价值的高度信心,保持对自身文化生命力、创造力的高度信心,越要善于从中华民族世世代代形成和积累的优秀传统文化中汲取营养和智慧。新征程上,我们必须坚持"两个结合",坚定历史自信、文化自信,坚持古为今用、推陈出新,以马克思主义为指导对中华五千多年文明宝库进行全面挖掘,用马克思主义激活中华优秀传统文化中富有生命力的优秀因子并赋予新的时代内涵,不断增强实现中华民族伟大复兴的精神力量。

奋进强国建设、民族复兴新征程,继续推进"两个结合",继续推进实践基础上的理论创新,正确回答时代和实践提出的重大问题,我们一定能取得更为丰硕的理论创新成果,推动党和国家事业不断从胜利走向胜利。

(《人民日报》2023 年 07 月 24 日第 05 版)

理论茶座

深刻理解和不断推进"第二个结合"

陈金龙

习近平总书记在文化传承发展座谈会上强调:"'第二个结合',是我们党对马克思主义中国化时代化历史经验的深刻总结,是对中华文明发展规律的深刻把握,表明我们党对中国道路、理论、制度的认识达到了新高度,表明我们党的历史自信、文化自信达到了新高度,表明我们党在传承中华优秀传统文化中推进文化创新的自觉性达到了新高度。"我们要深入学习贯彻习近平总书记重要讲话精神,不断深化对马克思主义中国化时代化历史经验、中华文明发展规律的认识,不断推进"第二个结合"。

深刻理解马克思主义和中华优秀传统文化高度的契合性

习近平总书记强调:"马克思主义和中华优秀传统文化来源不同,但彼此存在高度的契合性。"马克思主义产生于19世纪的欧洲,与中华优秀传统文化产生的时间、空间和社会环境存在较大差异,但二者在许多方面具有高度的契合性,这为"第二个结合"创造了必要前提和重要基础。

在思想内容方面具有高度的契合性。马克思主义和中华优秀传统文化高度的契合性,主要体现在思想内容方面。例如,马克思主义认为,人民群众是物质财富的创造者,人民群众的实践是精神文化的真正源泉,人民群众是历史的创造者,是社会变革的决定力量。千百年来,"民惟邦本,本固邦宁""治国之道,富民为始"等民本理念在我国代代相传、影响深远,成为中华优秀传统文化的精华。马克思主义人民观和中华优秀传统文化中的民本理念具有高度契合性。又如,马克思主义认为,"人靠自然界生活",人类在同自然的互动中生产、生活、发展,人类善待自然,自然也会馈赠人类,但"如果说人靠科学和创造性天才征服了自然力,那么自然力也对人进行报复"。马克思主义关于人与自然关系的思想,与道法自然、天人合一等中华优秀传统生态文化具有高度的契合性。思想内容方面高度的契合性,为"第二个结合"奠定了坚实基础。

在使命追求方面具有高度的契合性。两种思想文化要实现深度结合,在基本价值取向、使命追求上就要有高度的契合性。马克思主义以人的解放和自由全面发展为价值目标,第一次站在人民的立场探求人类自由解放的道路，以科学的理论为最终建立一个没有压迫、没有剥削、人人平等、人人自由的理想社会指明了方向。中华优秀传统文化追求"天下一家"，主张民胞物与、协和万邦、天下大同，憧憬"大道之行，天下为公"的美好世界。中国共产党为中国人民谋幸福、为中华民族谋复兴，也为人类谋进步、为世界谋大同。实践证明，马克思主义和中华优秀传统文化在使命追求方面高度的契合性，为"第二个结合"创造了重要条件。

在开放品格方面具有高度的契合性。开放品格是一种思想文化创新发展的必备要素，也是不同思想文化交流交融的先决条件。马克思主义是不断发展的开放的理论，始终站在时代前沿，随着实践的变化而发展。一部马克思主义发展史，就是马克思、恩格斯以及他们的后继者们不断根据时代、实践、认识发展而发展的历史，是不断吸收人类历史上一切优秀思想文化成果丰富自己的历史。中华优秀传统文化具有开放包容的鲜明特质，在漫长历史演进过程中，中华优秀传统文化总是与时迁移、应物变化，在兼收并蓄、博采众长中不断发展自己。马克思主义和中华优秀传统文化在开放品格方面高度的契合性，使马克思主义基本原理同中华优秀传统文化相结合成为可能。

深刻认识"第二个结合"的重大意义

习近平总书记强调："在五千多年中华文明深厚基础上开辟和发展中国特色社会主义，把马克思主义基本原理同中国具体实际、同中华优秀传统文化相结合是必由之路。这是我们在探索中国特色社会主义道路中得出的规律性的认识，是我们取得成功的最大法宝。"新时代坚持和发展中国特色社会主义，必须深刻认识"第二个结合"的重大意义。

"结合"的结果是互相成就。马克思主义深刻揭示了自然界、人类社会、人类思维发展的普遍规律，犹如壮丽的日出，照亮了人类探索历史规律和寻求自身解放的道路。同时，马克思主义只有同中国具体实际相结合、同中华优秀传统文化相结合，才能以中国化时代化的马克思主义解决中国问题，才能彰显其超越时代和地域的科学真理性。中华优秀传统文化源远流长，蕴含着中华民族5000多年来积累的伟大智慧。中华优秀传统文化只有不断创造性转化、创新性发展，与现代文明深度融合，才能永葆生机活力。马克思主义基本原理同中华优秀传统文化的结合，不是拼盘，不是简单的物理反应，而是深刻的化学反应，造就了一个有机统一的新的文化生命体，让马克思主义成为中国的，中华优秀传统文化成为现代的，让经由"结合"而形成的新文化成为中国式现代化的文化形态。

"结合"筑牢了道路根基。文明的发展具有继承性，离开传统文明，现代文明既无法生成，也难以发展。中国特色社会主义道路，是科学社会主义理论逻辑和中国社会发展历史逻辑的辩证统一，既不断激发中华优秀传统文化的生机和活力，又从中华优秀传统文化中汲取智慧和力量，具有深厚的历史渊源和广泛的现实基础。中国式现代化是赓续古老文明的现代化，而不是消灭古老文明的现代化；是从中华大地生长出来的现代化，而不是照搬照抄其他国家的现代化；是文明更新的结果，而不是文明断裂的产物。马克思主义基本原理同中国具体实际相结合、同中华优秀传统文化相结合，让中国特色社会主义道路有了更加宏阔深远的历史纵深，拓展了中国特色社会主义道路的文化根基。在马克思主义基本原理同中华优秀传统文化相结合的过程中，中国式现代化赋予中华文明以现代力量，中华文明赋予中国式现代化以深厚底蕴。

"结合"打开了创新空间。思想文化的发展需要不断打开创新空间。只有坚持从本国本民族实际出发，以海纳百川的宽阔胸襟借鉴吸收人类一切优秀文明成果，坚持取长补短、择善而从，讲求兼收并蓄，才能不断拓展文化创新空间，掌握推进理论创新、实践创新、制度创新、文化创新以及其他各方面创新的思想和文化主动。马克思主义基本原理同中华优秀传统文化相结合，是又一次的思想解放，让我们在更广阔的文化空间中，充分运用中华优秀传统文化的宝贵资源，探索面向未来的理论和制度创新。

"结合"巩固了文化主体性。文化主体性主要表现为文化发展的自觉性、主动性和独立性，是历史自信、文化自信的重要标志。习近平新时代中国特色社会主义思想坚持马克思主义立场观点方法，坚持科学社会主义基本原则，深刻总结和充分运用党百年奋斗的历史经验，继承弘扬中华优秀传统文化精华，根据时代和实践发展变化，以崭新的思想内容丰富发展了马克思主义，是当代中国马克思主义、二十一世纪马克思主义，是中华文化和中国精神的时代精华，实现了马克思主义中国化时代化新的飞跃。

深刻把握推进"第二个结合"的着力点

党的二十大报告提出："坚持和发展马克思主义，必须同中华优秀传统文化相结合。"把马克思主义基本原理同中华优秀传统文化相结合，必须充分发挥人民群众主体作用，坚持以实践为检验标准，深入把握时代特征，让中国化时代化的马克思主义具有更加鲜明的中国特色、中国风格、中国气派。

充分发挥人民群众主体作用。党的二十大报告提出："把马克思主义思想精髓同中华优秀传统文化精华贯通起来、同人民群众日用而不觉的共同价值观念融通起来""我们要站稳人民立场、把握人民愿望、尊重人民创造、集中人民智慧，形成为人民所喜爱、所认同、所拥有的理论"。这些重要论述指明了把马克思主义基本原理同中华优秀传统文化相结合的科学方法，彰显了人民群众在推进马克思主义中国化时代化进程中的主体作用。把马克思主义基本原理同中华优秀传统文化相结合，必须充分发挥人民群众主体作用，不断夯实马克思主义中国化时代化的历史基础和群众基础，让马克思主义在中国牢牢扎根。

坚持以实践为检验标准。把马克思主义基本原理同中华优秀传统文化相结合，结合的成效如何，实践是最终检验标准。新时代十年的伟大变革，充分证明习近平新时代中国特色社会主义思想的真理力量和实践伟力。新征程上，我们要从新时代中国特色社会主义实践需要出发，坚持马克思主义立场观点方法，对中华优秀传统文化蕴含的哲学思想、人文精神、价值理念、道德规范等进行创造性转化、创新性发展，在不断把马克思主义基本原理同中华优秀传统文化相结合的同时，推动新时代中国特色社会主义实践不断深入拓展。

深入把握时代特征。把马克思主义基本原理同中华优秀传统文化相结合，是一个长期的历史过程，必须紧密结合时代发展，深入把握时代特征。在中国特色社会主义新时代，对中华优秀传统文化的发掘和阐释、传承和弘扬，必须坚持以当代中国马克思主义、二十一世纪马克思主义为指导，坚持古为今用、推陈出新，顺应新时代发展潮流和发展趋势，不断赋予中华优秀传统文化新的时代内涵和表达形式，充分激发中华优秀传统文化的生命力和感召力，为实现中华民族伟大复兴汇聚起强大精神力量。

（《人民日报》2023 年 06 月 20 日第 09 版）

马克思主义在思想解放中保持蓬勃生机活力

李佃来

在五千多年中华文明深厚基础上开辟和发展中国特色社会主义，把马克思主义基本原理同中国具体实际、同中华优秀传统文化相结合是必由之路。习近平总书记提出"'第二个结合'是又一次的思想解放"，深刻揭示了中华优秀传统文化是我们党创新理论的"根"，深刻阐明了思想解放在马克思主义中国化时代化进程中的重要意义。

马克思主义不断发展的过程也是不断解放思想的过程。马克思主义不是教条，而是开放的、与时俱进的、需要结合具体情况不断发展的科学理论。马克思主义在19世纪的创立，本身就是一次开启人类思想新纪元的伟大革命。在发展过程中，马克思主义科学理论不断冲破各种教条和禁锢，在思想解放中保持蓬勃生机活力。20世纪以来，马克思主义经历了一个波澜壮阔、别开生面的发展过程，思想解放在马克思主义理论发展中的价值和作用不断凸显。正是在不断解放思想的过程中，马克思主义不断实现理论上的创新突破，始终成为深刻揭示自然界、人类社会、人类思维发展普遍规律，指导人类社会发展进步的科学真理。

思想解放为推进马克思主义中国化时代化提供强劲内生动力。马克思主义理论的创新发展，总是以本土化和时代化的形式实现的。其中，思想解放发挥了重要作用。马克思主义在中国传播和发展过程中，不断同中国具体实际、同中华优秀传统文化相结合，铸就了马克思主义中国化时代化的百年进程。在这一进程的每一关键处，思想解放都具有拨云见日的重大理论先导意义。历史上，脱离中国具体实际，生搬硬套马克思主义著作个别字句的主观主义、教条主义，曾给中国革命带来严重损失。在同主观主义、教条主义的斗争中，以毛泽东同志为主要代表的中国共产党人把马克思列宁主义的基本原理同中国革命的具体实践结合起来，创立了毛泽东思想。对教条主义的批判与清理，本身就是一次思想大解放。这一思想解放筑牢了马克思主义中国化时代化的思想理论根基，为党和人民事业发展提供了科学指引。十年"文革"结束后，在党和国家面临何去何从的重大历史关头，邓小平同志指出："一个党，一个国家，一个民族，如果一切从本本出发，思想僵化，迷信盛行，那它就不能前进，它的生机就停止了，就要亡党亡国。""我们讲解放思想，是指在马克思主义指导下打破习惯势力和主观偏见的束缚，研究新情况，解决新问题。"正是在不断的思想解放中，我们党科学回答什么是社会主义、怎样建设社会主义这一根本问题，成功开创了中国特色社会主义。习近平总书记强调："价值先进、思想解放，是一个社会活力的来源""改革开放的过程就是思想解放的过程。没有思想大解放，就不会有改革大突破"。中国特色社会主义进入新时代，以习近平同志为核心的党中央坚持解放思想、实事求是、与时俱进、求真务实，一切从实际出发，着眼解决新时代改革开放和社会主义现代化建设的实际问题，不断回答中国之问、世界之问、人民之问、时代之问，作出符合中国实际和时代要求的正确回答，得出符合客观规律的科学认识，形成与时俱进的理论成果，开辟了马克思主义中国化时代化新境界。正是在不断解放思想中，马克思主义中国化时代化不断取得新的重大理论成果，引领党和人民事业从胜利走向新的胜利。

"第二个结合"促进形成中国式现代化的文化形态。马克思主义中国化时代化的进程，既表现为马克思主义真理之树在中国大地从生根发芽到根深叶茂的过程，也表现为用马克思主义真理力量激活中华民族历经几千年创造的伟大文明的过程。中国特色社会主义进入新时代，我们党从马克思主义中国化时代化根本途径的高度深刻理解和把握"第二个结合"的重要意义，更加自觉主动地把马克思主义思想精髓同中华优秀传统文化精华贯通起来、同人民群众日用而不觉的共同价值观念融通起来，推进了又一次的思想解放，为探索面向未来的理论和制度创新开辟了更广阔的文化空间。正是在马克思主义和中华优秀传统文化的互相成就中，造就了一个有机统一的新的文化生命体，让马克思主义成为中国的，中华优秀传统文化成为现代的，让经由"结合"而形成的新文化成为中国式现代化的文化形态。中国式现代化是赓续古老文明的现代化，而不是消灭古老文明的现代化；是从中华大地生长出来的现代化，不是照搬照抄其他国家的现代化；是文明更新的结果，而不是文明断裂的产物。"第二个结合"是我们党对马克思主义中国化时代化历史经验的深刻总结，是对中华文明发展规律的深刻把握，表明我们党对中国道路、理论、制度的认识达到了新高度，表明我们党的历史自信、文化自信达到了新高度，表明我们党在传承中华优秀传统文化中推进文化创新的自觉性达到了新高度。正是在推进"第二个结合"中，中国式现代化赋予中华文明以现代力量，中华文明赋予中国式现代化以深厚底蕴。

（《人民日报》2023 年 07 月 10 日第 09 版）

展现马克思主义政党的创新活力

冯鹏志

习近平总书记指出："'第二个结合'是又一次的思想解放，让我们能够在更广阔的文化空间中，充分运用中华优秀传统文化的宝贵资源，探索面向未来的理论和制度创新。"这深刻阐明了"第二个结合"作为又一次的思想解放对于党的理论创新和制度创新的重要意义，彰显马克思主义政党守正创新的鲜明气象。

在解放思想中永葆创新活力。解放思想是理论和制度创新的先导。人们摆脱原有条条框框的束缚，冲破陈旧观念的桎梏，才能让思想更加符合客观实际。解放思想、实事求是、与时俱进是马克思主义活的灵魂。在解放思想中永葆创新活力，是马克思主义政党建设的重要规律之一。马克思主义政党正是在一次又一次的思想解放中，不断冲破各种条条框框的束缚，始终保持旺盛的生机活力。中国共产党坚持把马克思主义写在自己的旗帜上,以科学的态度对待科学,以真理的精神追求真理,没有将马克思、恩格斯在特定历史语境中提出的论断视为一成不变的教条。毛泽东同志指出:"教条主义是哪里来的? 是不是从马、恩、列、斯那里来的? 不是的。他们经常在著作里提醒我们,说他们的学说是行动的指南,是武器,不是教条。人家讲的不是教条,我们读后变成了教条,这是因为我们没有读通,不会读"。习近平总书记强调:"对待马克思主义,不能采取教条主义的态度,也不能采取实用主义的态度。"作为朝气蓬勃的马克思主义政党,我们党坚持解放思想,在理论与实践的良性互动中不断推进马克思主义中国化时代化,在守正创新中始终掌握推进理论创新、实践创新、制度创新、文化创新以及其他各方面创新的思想和文化主动。特别是"第二个结合"把马克思主义思想精髓同中华优秀传统文化精华贯通起来、同人民群众日用而不觉的共同价值观念融通起来,让马克思主义成为中国的,中华优秀传统文化成为现代的,让经由"结合"而形成的新文化成为中国式现代化的文化形态。在坚持和不断推进"第二个结合"的过程中,我们党破除传统与现代二元对立的误区,破除"现代化=西方化"的迷思,成功创造了中国式现代化新道路,创造了人类文明新形态。

在解放思想中统一思想。马克思主义政党不是"个人的偶然凑合",而是以科学理论为指导,由具有共产主义觉悟的先进分子基于共同的理想、共同的目标、共同的纲领和严格的纪律组织起来的先进政党。坚持在解放思想中统一思想,在统一思想中团结奋斗,是马克思主义政党建设的又一重要经验。百年来,我们党在一次又一次思想解放中不断实现党的指导思想的与时俱进，推动全党以理论上的清醒达到政治上的坚定，在团结奋斗中不断开创党和国家事业发展新局面。进入新时代，以习近平同志为主要代表的中国共产党人，从理论和实践的结合上深入回答关系党和国家事业发展、党治国理政的一系列重大时代课题，创立了习近平新时代中国特色社会主义思想，实现了马克思主义中国化时代化新的飞跃。习近平新时代中国特色社会主义思想是马克思主义中国化时代化最新成果，是全党全国人民为实现中华民族伟大复兴而奋斗的行动指南。党的二十大报告对坚持不懈用习近平新时代中国特色社会主义思想凝心铸魂作出重大部署，对我们在新时代加强党的思想建设具有十分重要的意义。在解放思想中统一思想，确保我们不迷失方向、不犯颠覆性错误，更好用党的创新理论成果观察时代、把握时代、引领时代，研究新情况，获得新认识，解决新问题，取得新突破，进而实现更深层次的思想解放。"第二个结合"激励我们坚持走自己的路，立足中华民族伟大历史实践和当代实践，用中国道理总结好中国经验，把中国经验提升为中国理论，实现精神上的独立自主。

在解放思想中彰显文明担当。习近平总书记指出："面对现代化进程中遇到的各种新问题新情况新挑战，政党要敢于担当、勇于作为，冲破思想观念束缚，破除体制机制弊端，探索优化方法路径，不断实现理论和实践上的创新突破，为现代化进程注入源源不断的强大活力。"中国共产党是具有高度思想解放自觉和坚定创新创造自信的马克思主义政党，同时是具有深厚天下情怀和自觉文明担当的马克思主义政党，既坚守中华文化立场，又深刻洞察人类发展进步潮流，运用马克思主义世界观和方法论，不断为解决人类面临的共同问题贡献中国智慧、中国方案。我们党创造性提出推动构建人类命运共同体理念，提出全球文明倡议。倡导尊重世界文明多样性，以文明交流超越文明隔阂、文明互鉴超越文明冲突、文明包容超越文明优越，弘扬全人类共同价值，重视文明传承和创新，充分挖掘各国历史文化的时代价值，加强国际人文交流合作，促进各国人民相知相亲，共同推动人类文明发展进步。特别是，我们党创造性提出中国式现代化理论，不断推进和拓展中国式现代化，实现了对西方现代化模式的超越。中国式现代化，深深植根于中华优秀传统文化，体现科学社会主义的先进本质，借鉴吸收一切人类优秀文明成果，代表人类文明进步的发展方向，展现了不同于西方现代化模式的新图景，是一种全新的人类文明形态。中国共产党人把马克思主义基本原理同中国具体实际、同中华优秀传统文化相结合，更好构筑中国精神、中国价值、中国力量，为中国式现代化提供了中华文明的丰厚滋养、价值源泉和不竭动力。通过"第二个结合"，中国式现代化赋予中华文明以现代力量，中华文明赋予中国式现代化以深厚底蕴。我们要在五千多年中华文明深厚基础上坚持和发展新时代中国特色社会主义，继续把马克思主义基本原理同中国具体实际、同中华优秀传统文化相结合，以守正创新的正气和锐气，赓续历史文脉、谱写当代华章，为人类文明进步作出中国共产党人的更大贡献。

（《人民日报》2023 年 07 月 10 日第 09 版）

在更广阔的文化空间中
推进理论和制度创新

张　浩

习近平总书记强调："我们的社会主义为什么不一样？为什么能够生机勃勃充满活力？关键就在于中国特色，中国特色的关键就在于'两个结合'。"中华优秀传统文化为我们探索面向未来的理论和制度创新开拓了更广阔的文化空间，我们党在传承和发展中华优秀传统文化中推进理论和制度创新的自觉性也达到了新高度。

从哲学角度看，文化空间是拥有集体记忆的文化主体进行文化实践与交往的场域。任何理论和制度创新都需要在一定的文化空间中进行。"一方水土养一方人"，一定的文化空间为理论和制度创新提供文化土壤和精神滋养，不同的文化空间产生不同的理论形态和制度形式。同样，如果离开了人对理论、制度等的创造性活动，文化空间也就失去了生机和活力。只有与人对理论、制度的创造性活动联系在一起的文化空间，才是不断发展创新、繁荣广阔的文化空间。

求木之长者，必固其根本；欲流之远者，必浚其泉源。中华文明具有突出的创新性，从根本上决定了中华民族守正不守旧、尊古不复古的进取精神，决定了中华民族不惧新挑战、勇于接受新事物的无畏品格。中华优秀传统文化源远流长，博大精深，是中华文明的智慧结晶。其中蕴含的天下为公、民为邦本、为政以德、革故鼎新、任人唯贤、天人合一、自强不息、厚德载物、讲信修睦、亲仁善邻等，是中国人民在长期生产生活中积累的宇宙观、天下观、社会观、道德观的重要体现，同科学社会主义价值观主张具有高度契合性，是我们建设中华民族现代文明需要充分挖掘的宝贵精神财富，是我们党推进理论和制度创新可以充分运用的宝贵思想资源。

习近平总书记指出："我们党开创的人民代表大会制度、政治协商制度，与中华文明的民本思想，天下共治理念，'共和'、'商量'的施政传统，'兼容并包、求同存异'的政治智慧都有深刻关联。我们没有搞联邦制、邦联制，确立了单一制国家形式，实行民族区域自治制度，就是顺应向内凝聚、多元一体的中华民族发展大趋势，承继九州共贯、六合同风、四海一家的中国文化大一统传统。"马克思主义和中华优秀传统文化的彼此契合与相互融合，让面向未来的理论和制度创新接通了历史文化根脉，获得了不竭的思想文化资源。

进入新时代，我们党在推进马克思主义基本原理同中华优秀传统文化相结合中，以马克思主义真理的力量激活了中华民族历经几千年创造的伟大文明，以一系列新思想新观点新论断激活了中华优秀传统文化，为理论和制度创新提供了丰富滋养，涵养了更基础、更广泛、更深厚的文化自信。例如，秉持"凡将立国，制度不可不察也"的清醒，绘就中国特色社会主义的制度图谱，筑牢长治久安的制度根基；传承"天人合一、道法自然"的理念，把生态文明建设摆在突出位置，使生态环境保护发生历史性、转折性、全局性变化；吸收中华文化讲信修睦、协和万邦理念，提出构建人类命运共同体理念，提出全球发展倡议、全球安全倡议、全球文明倡议；等等。新故相因、一脉相承，中华优秀传统文化已融入当代中国理论和制度创新的方方面面，焕发出勃勃生机。

在五千多年中华文明深厚基础上开辟和发展中国特色社会主义，把马克思主义基本原理同中国具体实际、同中华优秀传统文化相结合是必由之路。把马克思主义基本原理同中华优秀传统文化相结合，为马克思主义科学理论赋予鲜明的中国特色，为中华优秀传统文化赋予崭新的时代内涵，有力推进马克思主义中国化时代化，是又一次的思想解放。"第二个结合"打开了创新空间，让我们掌握了思想和文化主动，并有力地作用于道路、理论和制度。

在新的起点上继续推动文化繁荣、建设文化强国、建设中华民族现代文明，必须深入推进"第二个结合"，以更高远的历史站位、更宽广的世界视野、更深邃的战略眼光、更主动的精神力量，充分运用中华优秀传统文化的宝贵资源，拓展更为广阔的文化空间，不断探索面向未来的理论和制度创新。

坚持创造性转化、创新性发展。习近平总书记指出："要坚持为人民服务、为社会主义服务，坚持百花齐放、百家争鸣，坚持创造性转化、创新性发展，不断铸就中华文化新辉煌。"我们要坚持以中国化时代化的马克思主义为指导，科学认识和把握中华优秀传统文化，坚持古为今用、推陈出新，有鉴别地加以对待，有扬弃地予以继承，使中华民族优秀传统文化基因与当代文化元素相适应、与现代社会发展相协调、与现实文化相融通，在守正创新中更好构筑中国精神、中国价值、中国力量。使中华优秀传统文化更充分地对接当代中国，不断拓展转化发展的路径，激活其生命力，把跨越时空、超越国度、富有永恒魅力、具有当代价值的文化精神弘扬起来，多形式多维度地发挥中华优秀传统文化的重要作用，使中华优秀传统文化成为理论和制度创新的源头活水。

更好把握思想主动和文化主动。马克思主义基本原理同中华优秀传统文化相结合，造就了一个有机统一的新的文化生命体，让马克思主义成为中国的，中华优秀传统文化成为现代的，让我们能够更好把握思想主动和文化主动，把理论和制度创新植根于本国、本民族的历史文化沃土之中。当前，要充分运用中华优秀传统文化的宝贵资源，深入挖掘中华五千多年文明的精髓，坚持以马克思主义的立场观点方法来传承和发展，厚植理论和制度创新的历史根基、文化血脉，不断丰富和完善彰显文化自信、饱含历史自觉、赓续中华文脉的理论和制度，并使其具有强大的历史穿透力、文化感染力和精神感召力。更加自觉地坚持和体现中华民族的文化主体性，更加深入地推进"第二个结合"，从而不断赋予理论和制度创新以鲜明的中华文化特色。

（《人民日报》2023 年 07 月 10 日第 09 版）

深刻理解和把握
"第二个结合"的重大意义

王伟光

习近平总书记在文化传承发展座谈会上指出:"'第二个结合',是我们党对马克思主义中国化时代化历史经验的深刻总结,是对中华文明发展规律的深刻把握,表明我们党对中国道路、理论、制度的认识达到了新高度,表明我们党的历史自信、文化自信达到了新高度,表明我们党在传承中华优秀传统文化中推进文化创新的自觉性达到了新高度。"习近平总书记的重要论述,为深刻理解和把握"第二个结合"的重大意义、不断谱写马克思主义中国化时代化新篇章、建设中华民族现代文明提供了科学指引。

表明我们党对中国道路、理论、制度的认识达到了新高度

习近平总书记指出:"'结合'打开了创新空间,让我们掌握了思想和文化主动,并有力地作用于道路、理论和制度。"从"宅兹中国"的文化根基,到"何以中国"的文化自觉,"第二个结合"贯通过去、现在和未来,让我们能够在更广阔的文化空间中,充分运用中华优秀传统文化的宝贵资源,探索面向未来的理论和制度创新。

我们党对坚持和发展中国道路的认识达到新高度。马克思主义基本原理同中华优秀传统文化的结合,筑牢了道路根基,让中国特色社会主义道路有了更加宏阔深远的历史纵深,拓展了中国特色社会主义道路的文化根基。中国特色社会主义道路,是在马克思主义指导下走出来的,也是从5000多年中华文明史中走出来的。没有中华5000多年文明,就不会有中国特色;没有中国特色,就不会有我们今天如此成功的中国道路。中国道路每一步的开拓,都是基于马克思主义与中国历史、中华文化和中国国情的结合。中华民族和中国人民在修齐治平、尊时守位、知常达变、开物成务、建功立业的过程中,形成的讲仁爱、重民本、守诚信、崇正义、尚和合、求大同等价值观念,自强不息、敬业乐群、扶危济困、见义勇为、孝老爱亲等中华传统美德,求同存异、和而不同,文以载道、以文化人,俭约自守、中和泰和等人文精神,构成了中国道路的内在基因密码。这些重要价值观念、传统美德、人文精神深刻体现于安邦理政的治国之道中,贯彻于修身处世的道德理念中,灌注于格物究理的思想方法中,呈现于质文兼具的表达方式中。中华优秀传统文化的恒久

与坚韧、清醒与思辨，为我们坚定不移走中国特色社会主义道路提供了丰沛精神动力和丰厚思想资源。

我们党对坚持和发展中国理论的认识达到新高度。马克思主义真理之树只有植根本国、本民族历史文化沃土才能根深叶茂。马克思主义理论不是教条，而是行动指南，必须随着实践的变化而发展。一部马克思主义发展史就是马克思、恩格斯以及他们的后继者们不断根据时代、实践、认识发展而发展的历史，是不断吸收人类历史上一切优秀思想文化成果丰富自己的历史。马克思主义中国化时代化这个重大命题本身就决定，我们决不能抛弃马克思主义这个魂脉，决不能抛弃中华优秀传统文化这个根脉。百余年来，我们党坚持把马克思主义写在自己的旗帜上，把科学社会主义基本原则同本国具体实际、历史文化传统、时代要求紧密结合起来，在推进"两个结合"中，把马克思主义思想精髓同中华优秀传统文化精华贯通起来、同人民群众日用而不觉的共同价值观念融通起来，从中华优秀传统文化中寻找源头活水，不断推进马克思主义中国化时代化，创立了毛泽东思想、邓小平理论，形成了"三个代表"重要思想、科学发展观，创立了习近平新时代中国特色社会主义思想，不仅深刻改变了中国，而且极大丰富和发展了马克思主义。

我们党对坚持和发展中国制度的认识达到新高度。"经国序民，正其制度。"制度优势是一个政党、一个国家的最大优势。中国特色社会主义制度是当代中国发展进步的根本保证。中国制度以马克思主义为指导、植根中国大地、具有深厚中华文化根基。中华优秀传统文化为坚持和发展中国制度提供了深厚文化根基，"第二个结合"

为坚持和发展中国制度指明了必由之路。在几千年的历史演进中，中华民族创造了灿烂的古代文明，形成了关于国家制度和国家治理的丰富思想，如大道之行、天下为公的大同理想，六合同风、四海一家的大一统政治理念，德主刑辅、以德化人的德治主张，等等。这些重要思想理念作为中华优秀传统文化的组成部分，深深植根在中国人民内心，潜移默化影响着中国人民的思想方式和行为方式，成为新时代我们党治国理政的重要思想文化源泉。

表明我们党的历史自信、文化自信达到了新高度

习近平总书记指出："中国有坚定的道路自信、理论自信、制度自信，其本质是建立在 5000 多年文明传承基础上的文化自信。"历经革命烽火、走过建设时期、激荡改革风云、奋进复兴征程，我们党始终将马克思主义基本原理同中华优秀传统文化相结合，将马克思主义思想精髓同中华优秀传统文化精神特质相融通。在这一过程中，党的历史自信、文化自信日益坚定。

坚定历史自信、文化自信的实践必然。我们党是中国先进文化的积极引领者和践行者，中华优秀传统文化的忠实传承者和弘扬者，具有高度历史自信、文化自信。在新民主主义革命时期，我们党坚持用民族形式、大众话语阐释中国革命问题。在社会主义革命和建设时期，我们党坚持"双百"方针，对中华优秀传统文化中的哲学、历史、文学、艺术等进行了系统整理与研究。在改革开放和社会主义现代化建设新时期，我们党坚持"二为"方向，从中华优秀传统

文化中汲取智慧和力量。进入新时代，以习近平同志为核心的党中央把文化建设摆在全局工作的重要位置，不断深化对"第二个结合"的规律性认识，提出一系列新思想新观点新论断。在庆祝中国共产党成立 100 周年大会上，习近平总书记首次提出把马克思主义基本原理同中华优秀传统文化相结合。"第二个结合"先后被写入《中共中央关于党的百年奋斗重大成就和历史经验的决议》和党的二十大报告。在文化传承发展座谈会上，习近平总书记对"第二个结合"作出深入系统论述，为推动中华优秀传统文化创造性转化、创新性发展，推进中国特色社会主义文化建设提供了根本遵循。

坚定历史自信、文化自信的使命必然。习近平总书记强调："在新的起点上继续推动文化繁荣、建设文化强国、建设中华民族现代文明，是我们在新时代新的文化使命。"中华民族现代文明立足于强国建设、民族复兴的伟大实践，以中华民族 5000 多年文明史为深厚基础，以在新的历史起点上推动文化繁荣、建设文化强国为时代关切，具有深厚的历史渊源和广泛的现实基础，与中国道路、中国理论、中国制度相契合。中华民族现代文明是赓续古老文明的现代文明，不是消灭古老文明的现代文明；是从中华大地长出来的现代文明，不是照搬照抄其他国家的现代文明；是文明更新的现代文明，不是文明断裂的现代文明，蕴含中华民族的智慧、精神、文化，内含生生不息的力量。只有不断推进"第二个结合"，才能切实担负起新的文化使命，在实践创造中造就有机统一的新的文化生命体，在历史进步中建设中华民族现代文明。

坚定历史自信、文化自信的逻辑必然。马克思主义和中华优秀传统文化来源不同，但彼此存在高度的契合性。马克思主义进入中国，没有水土不服，而是在中国大地牢牢扎根；中华文明发展到现代，没有断流枯萎，而是在中国式现代化的伟大进程中展现出勃勃生机，都与这种高度契合性密切相关。中华优秀传统文化蕴含的天下为公、民为邦本、为政以德、革故鼎新、任人唯贤、天人合一、自强不息、厚德载物、讲信修睦、亲仁善邻等，是中国人民在长期生产生活中积累的宇宙观、天下观、社会观、道德观的重要体现，同科学社会主义价值观主张具有高度契合性。这决定了"第二个结合"不是拼盘，不是简单的物理反应，而是深刻的化学反应，不仅让马克思主义深深植根于中华民族的文化沃土中，更用真理的力量激活了中华文明。"第二个结合"，让马克思主义成为中国的，让中华优秀传统文化成为现代的，深刻体现我们党坚定历史自信、文化自信的逻辑必然。

表明我们党在传承中华优秀传统文化中推进文化创新的自觉性达到了新高度

习近平总书记指出："'结合'巩固了文化主体性，创立新时代中国特色社会主义思想就是这一文化主体性的最有力体现。"在推进"第二个结合"中，我们党始终以开放包容的姿态不断推进马克思主义中国化时代化，传承发展中华优秀传统文化，促进外来文化本土化，以守正创新的正气和锐气，赓续历史文脉、谱写当代华章，推动中华文明重焕荣光。

在"第二个结合"中巩固文化主体性。中国人民和中华民族从近代以来的深重苦难走向伟大复兴的光明前景，从来就没有教科书，更没有现成答案。中国的问题必须从中国基本国情出发，由中国人自己来解答。百余年来，我们党基于对中国基本国情、历史传统与文化积淀的深刻认识，以积极的历史担当、文化主动和自觉精神，在"两个结合"中不断推动党的指导思想与时俱进，充分体现了文化主体性。在统筹把握中华民族伟大复兴战略全局和世界百年未有之大变局的时代条件下，"第二个结合"有力推进马克思主义基本原理同中华文明的突出特性内在贯通、相互融通，为推进马克思主义中国化时代化注入了蓬勃生机和内生动力。

在"第二个结合"中坚持守正创新。习近平总书记指出："要坚持守正创新，以守正创新的正气和锐气，赓续历史文脉、谱写当代华章。"在推进"第二个结合"中坚持守正创新，一方面要始终把马克思主义作为立党立国、兴党兴国的根本指导思想，坚守"第二个结合"的主义之"正"、理论之"正"、道路之"正"、制度之"正"、文化之"正"，坚持走自己的路，用中国道理总结好中国经验，把中国经验提升为中国理论，实现精神上的独立自主。另一方面要坚持在继承传统中创新发展，深入挖掘中华优秀传统文化的时代价值，不断用中华优秀传统文化丰富马克思主义的内容与形式，使之更好与中华民族现代文明相适应，更好与推进中国式现代化相协调，切实做到在"结合"中创新、在创新中"结合"，在守正创新中构筑中华文化新气象、激扬中华文明新活力。

在"第二个结合"中保持开放包容。中华文明具有突出的包容性，从根本上决定了中华民族交往交流交融的历史取向，决定了中华文化对世界文明兼收并蓄的开放胸怀。中华文明自古就以开放包容闻名于世，在同其他文明的交流互鉴中不断焕发新的生命力。我们在推进"第二个结合"中，要自觉弘扬和平、发展、公平、正义、民主、自由的全人类共同价值，推动不同国家、不同民族、不同文化和谐共处、互学互鉴，共同消除现实生活中的文化壁垒，共同抵制妨碍人类心灵互动的观念纰缪，共同打破阻碍人类交往的精神隔阂，让各国人民相知相亲、互信互敬，让世界各国文明交流对话、求同存异，弘扬全人类共同价值，丰富世界文明百花园。

（《人民日报》2023 年 07 月 12 日第 09 版）

"结合"巩固了文化主体性

吴付来

习近平总书记在文化传承发展座谈会上深刻阐述了"两个结合"特别是"第二个结合"的重大意义，强调"'结合'巩固了文化主体性，创立新时代中国特色社会主义思想就是这一文化主体性的最有力体现"。深入学习领会习近平总书记的重要论述，对于我们在新的历史起点上继续推动文化繁荣、建设文化强国、建设中华民族现代文明具有重要意义。

中国共产党是推进"两个结合"、巩固文化主体性的领导力量

习近平总书记指出："中国最大的国情就是中国共产党的领导。什么是中国特色？这就是中国特色。中国共产党领导的制度是我们

自己的，不是从哪里克隆来的，也不是亦步亦趋效仿别人的。无论我们吸收了什么有益的东西，最后都要本土化。"习近平总书记的重要论述，深刻阐明了中国共产党的领导是中国发展的根本保证，为我们正确认识党在领导文化事业、坚持和巩固文化主体性方面的重要作用提供了根本遵循。

中国共产党是中国工人阶级的先锋队，同时是中国人民和中华民族的先锋队，是中国特色社会主义事业的领导核心。中国共产党是用马克思主义科学理论武装起来的先进政党，也是充分吸取中华优秀传统文化精华的先进政党，因而能够团结带领人民从根本上改变中华民族和中国人民的前途命运，深刻影响世界历史进程，成为实现中华民族伟大复兴坚强可靠的领导力量。没有中国共产党，就没有新中国；没有中国共产党领导，就没有中国式现代化和中华民族伟大复兴的光明前景。这已为历史和现实所雄辩证明。

中国共产党是不断推进"两个结合"、巩固文化主体性的领导力量。文化主体性，是中国共产党领导人民在文化活动中体现出的主动性、能动性、创造性，集中体现为对中华优秀传统文化、革命文化和社会主义先进文化的自觉、自信和自为。党领导人民推进"两个结合"的历史进程，也是不断巩固文化主体性的文明发展历程。中国特色社会主义进入新时代，我们党对马克思主义中国化时代化历史经验的认识更加深刻，对中华文明发展规律的认识更加深刻。习近平总书记深刻阐明了把马克思主义基本原理同中华优秀传统文化相结合的内在逻辑："坚持和发展马克思主义，必须同中华优秀传统文化相结合。只有植根本国、本民族历史文化沃土，马克思主义真理之树才能根深叶茂。中华优秀传统文化源远流长、博大精深，是中华文明的智慧结晶，其中蕴含的天下为公、民为邦本、为政以德、革故鼎新、任人唯贤、天人合一、自强不息、厚德载物、讲信修睦、亲仁善邻等，是中国人民在长期生产生活中积累的宇宙观、天下观、社会观、道德观的重要体现，同科学社会主义价值观主张具有高度契合性。"马克思主义基本原理同中华优秀传统文化既有结合的必要性，又有结合的可能性，因而能够在"两个结合"的历史进程中不断巩固我们的文化主体性。

"第二个结合"表明我们党
对中国道路、理论、制度的认识达到了新高度

习近平总书记强调："在五千多年中华文明深厚基础上开辟和发展中国特色社会主义，把马克思主义基本原理同中国具体实际、同中华优秀传统文化相结合是必由之路。"这是我们在探索中国特色社会主义道路中得出的规律性的认识，是我们取得成功的最大法宝。中国特色社会主义是我们党在百年奋斗中取得的重大成就，中华优秀传统文化有机融合在中国特色社会主义之中，具有十分重要的地位和不可替代的价值。

中国道路、理论、制度和文化相互联系、相互依赖，各有侧重又有机统一。中国道路就是中国特色社会主义道路，是在中国共产党领导下，立足基本国情，以经济建设为中心，坚持四项基本原则，坚持改革开放，解放和发展社会生产力，建设社会主义市场经济、

社会主义民主政治、社会主义先进文化、社会主义和谐社会、社会主义生态文明，促进人的全面发展，逐步实现全体人民共同富裕，建设富强民主文明和谐美丽的社会主义现代化国家。中国道路是牢牢立足我国基本国情的强国富民之路，深刻蕴含着中国独特的历史和中华优秀传统文化精华。中国理论是指导党和人民沿着中国特色社会主义道路实现中华民族伟大复兴的正确理论，是中国化时代化的马克思主义。中国理论是致力于解决中国问题的科学理论，体现科学社会主义基本原则、价值观主张等与中华优秀传统文化哲学理念、价值观念等的有机统一。中国制度是包括中国特色社会主义根本制度、基本制度、重要制度等在内的一整套制度体系，是当代中国发展进步的根本制度保障。中国制度既坚持社会主义的根本性质，又借鉴中华优秀传统文化中治国理政的有益成果，具有鲜明中国特色，表现出在继承基础上综合创新的鲜明特点，是具有明显制度优势、强大自我完善能力的先进制度。中国文化就是中国特色社会主义文化，源自于中华民族五千多年文明历史所孕育的中华优秀传统文化，熔铸于党领导人民在革命、建设、改革中创造的革命文化和社会主义先进文化，植根于中国特色社会主义伟大实践，积淀着中华民族最深层的精神追求，代表着中华民族独特的精神标识，是激励全党全国各族人民奋勇前进的强大精神力量。

中国道路、理论、制度、文化，充分吸收中华优秀传统文化的有益成分，体现了科学社会主义基本原则、中华优秀传统文化精华、人类文明优秀成果的有机统一，既有鲜明的科学性，又有鲜明的中国特色，彰显高度的文化主体性。

"第二个结合"表明我们党的历史自信、文化自信达到了新高度

习近平总书记指出："当今世界，要说哪个政党、哪个国家、哪个民族能够自信的话，那中国共产党、中华人民共和国、中华民族是最有理由自信的。"中国共产党在推进"两个结合"的历史进程中不断发展壮大，政治领导力、思想引领力、群众组织力、社会号召力不断增强，带领人民取得了举世瞩目的伟大成就。一是从根本上改变了中国人民的前途命运，使人民成为国家、社会和自己命运的主人，精神上自信、自立、自强，极大增强了志气、骨气、底气，焕发出前所未有的历史主动精神、历史创造精神。二是成功开辟了实现中华民族伟大复兴的正确道路，中华民族巍然屹立于世界东方，向世界展现出一派欣欣向荣的气象。三是展示了马克思主义的强大生命力，使世界范围内社会主义和资本主义两种意识形态、两种社会制度的历史演进及其较量发生了有利于社会主义的重大转变。四是深刻影响了世界历史进程，为解决人类重大问题、建设一个美好世界贡献了中国智慧、中国方案、中国力量，成为推动人类发展进步的重要力量。五是锻造了走在时代前列的中国共产党，保持了党的先进性和纯洁性，为顺利实现中国式现代化、实现中华民族伟大复兴提供了根本保证。百年奋斗取得的重大成就特别是新时代十年的伟大变革，铸就了我们党坚定的历史自信，使我们在前进道路上对开辟新天地、创造新奇迹充满信心。

中国共产党领导人民百年奋斗的历程也是不断增强文化自信的

过程。习近平总书记指出:"中华民族生生不息绵延发展、饱受挫折又不断浴火重生,都离不开中华文化的有力支撑。中华文化独一无二的理念、智慧、气度、神韵,增添了中国人民和中华民族内心深处的自信和自豪。"文化自信是更基础、更广泛、更深厚的自信,是一个国家、一个民族发展中最基本、最深沉、最持久的力量,博大精深的中华优秀传统文化是文化自信的深厚基础。新时代,我们党对中华优秀传统文化地位作用的认识提升到一个新高度,全党全国各族人民文化自信明显增强、精神面貌更加奋发昂扬。新征程上,我们要推动中华优秀传统文化创造性转化、创新性发展,充分发挥其在建设中华民族现代文明、推进中华民族伟大复兴中的重要作用。

"第二个结合"表明我们党在
传承中华优秀传统文化中推进文化创新的自觉性达到了新高度

党的十八大以来,习近平总书记从党和国家事业发展全局的战略高度,对中华优秀传统文化传承发展的一系列重大理论和现实问题作出深入系统阐述。"不忘历史才能开辟未来,善于继承才能善于创新。优秀传统文化是一个国家、一个民族传承和发展的根本,如果丢掉了,就割断了精神命脉。我们要善于把弘扬优秀传统文化和发展现实文化有机统一起来,紧密结合起来,在继承中发展,在发展中继承。"习近平总书记不仅深刻阐明了中华优秀传统文化的重要性,而且提出了新时代传承和发展中华优秀传统文化的方法论,为我们在新时代传承和发展中华优秀传统文化提供了根本遵循。

新时代，我们党不断深化对文化发展规律的认识，坚持中国特色社会主义文化发展道路。中国特色社会主义文化发展道路是推动社会主义文化繁荣兴盛的唯一正确道路，走好这一道路，必须坚持马克思主义在意识形态领域指导地位的根本制度，坚持为人民服务、为社会主义服务，坚持百花齐放、百家争鸣，坚持创造性转化、创新性发展，以社会主义核心价值观为引领，发展社会主义先进文化，弘扬革命文化，传承中华优秀传统文化，满足人民日益增长的精神文化需求，巩固全党全国各族人民团结奋斗的共同思想基础，不断提升国家文化软实力和中华文化影响力。从中国特色社会主义文化发展道路的具体内涵中，我们可以深刻认识到党在传承中华优秀传统文化中推进文化创新的自觉性、能动性和创造性。比如，通过创造性转化、创新性发展，使中华民族最基本的文化基因同当代中国相适应、同现代社会相协调、同现实文化相融通，把富有永恒魅力、具有当代价值的文化精神弘扬起来。再如，把培育和践行社会主义核心价值观作为凝魂聚气、强基固本的基础工程，结合传承和发展中华优秀传统文化，广泛开展社会主义核心价值观宣传教育，不断夯实中国特色社会主义的思想道德基础。中国特色社会主义文化发展道路的不断拓展，标志着我们党不仅在认识上，而且在传承中华优秀传统文化实践中，对推进文化创新的自觉性达到了新高度。

（《人民日报》2023 年 08 月 10 日第 09 版）

百年来马克思主义与中国传统文化相结合的历史经验

许全兴

始终坚持把马克思主义普遍真理与中国现实实际、历史文化以及时代特征相结合，形成和发展中国化的马克思主义，是百年来中国共产党团结带领中国人民战胜千难万险，创造一个又一个奇迹，取得一个又一个胜利的最根本历史经验。在庆祝中国共产党百年华诞之际，仅从马克思主义中国化的视角，略论马克思主义与中国传统文化相结合的历史经验。

党领导人民取得的光辉成就是中国化马克思主义的伟大胜利

中国有着 5000 多年的悠久历史，创造了灿烂辉煌的古代文明，为人类发展作出了巨大贡献。自鸦片战争始，中国遭受西方列强侵略瓜分，逐渐沦为半殖民地半封建社会，中国人民面临争取民族独立、人民解放和实现国家富强、人民幸福的双重历史任务。置身亡国灭种危机，经过反复尝试，中国先进分子认识到依靠数千年的传统思想救不了中国，于是转向西方寻求救国之道。但西方列强的一次次侵略，打破了中国人的迷梦，资产阶级共和国的方案也一并破产。在俄国十月革命影响下，代表中国社会最先进生产力的无产阶级找到了马克思列宁主义的思想武器，建立了中国共产党，在精神上由被动转为主动，革命面貌为之一新。

马克思主义虽然产生于西欧，但它是世界历史的产物，是对世界无产阶级革命运动经验和人类文明成果的总结和概括，深刻揭示了自然界、人类社会和人的思维的最一般发展规律。反映客观规律的真理不分中西、放之四海而皆准。中国需要马克思主义，中国人民欢迎马克思主义。正如率先在中国举起马克思主义大旗的李大钊宣称的："马克思的学说真是拯救中国的导星。"中国共产党自成立起就高度重视马克思主义理论建设，始终把坚持马克思主义作为立党立国之本，强调马列"老祖宗"不能丢，丢了就会亡党亡国。这也是我们今天观察和讨论中国一切重要问题包括文化发展问题的基本原则，否则就会迷失方向。

在实践中，中国共产党人明确认识到，马克思主义不是宗教教条，不是包医百病的灵丹妙药，而是最为先进的科学世界观、方法论和价值观，是教条主义的敌人，其生命力在于与各国具体实际相结合，并为人民群众所掌握。中国共产党始终坚持运用马克思主义立场观点方法研究中国的现实实际和历史实际，总结经验、修正错误，逐步形成了符合中国国情的理论、路线、方针、政策，形成了中国化的马克思主义——毛泽东思想、邓小平理论、"三个代表"重要思想、科学发展观和习近平新时代中国特色社会主义思想，取得了革命、建设和改革的伟大胜利，迎来了从站起来、富起来到强起来的伟大飞跃。

百年来中国社会发展的一个最基本的历史事实就是：党领导人民取得的光辉成就，中国社会发生的翻天覆地的历史巨变，是马克思主义在中国的伟大胜利，是中国化马克思主义的伟大胜利。

"我们是马克思主义的历史主义者，我们不应当割断历史"

靠中国传统思想救不了中国，这是历史早已证明了的。但这绝不是说，儒家学说只有历史价值而无现实意义，如美国学者列文森所说的成了历史博物馆里的陈列品；更不是说，可以抛弃中国传统文化、抛弃孔夫子了，全盘反传统。恰恰相反，马克思主义要在中国生根、开花、结果，就不仅要与中国的现实实际相结合，而且要与中国的历史文化相结合。

毛泽东同志高度重视学习马克思列宁主义理论，号召全党开展学习竞赛，学习马克思主义观察问题和解决问题的立场观点方法，提高全党的马克思列宁主义修养。同时，毛泽东同志是"一个精通中国旧学的有成就的学者，他博览群书，对哲学和历史有深入的研究"。在接受马克思主义后，他依然认为"读历史是智慧的事"，应从中汲取历史经验、民族智慧和民族精神，以融入马克思主义，使马克思主义中国化，用以指导革命。

1926 年，毛泽东同志在广州农民运动讲习所讲课时说："洪秀全起兵时，反对孔教，提倡天主教，这是不迎合中国人的心理，曾国藩利用这种手段，扑灭了他。"在这短短几句话中，我们可以窥见青年毛泽东认为外来文化应中国化的思想端倪。20 世纪 30 年代，他提出"没有调查，就没有发言权"，提倡学习孔夫子的"每事问"。长征到达陕北后，他在公开讲演中说，孔夫子是中国封建社会的圣人。针对党内的洋八股和教条主义，他在党的六届六中全会上号召全党在研究理论、研究现状的同时，还要研究历史，指出"我们这个民族有数千年的历史，有它的特点，有它的许多珍贵品。对于这些，我们还是小学生。今天的中国是历史的中国的一个发展；我们是马克思主义的历史主义者，我们不应当割断历史。从孔夫子到孙中山，我们应当给以总结，承继这一份珍贵遗产。这对于指导当前的伟大的运动，是有重要帮助的"。他明确提出，使马克思主义中国化已成为"全党亟待了解并亟须解决的问题"。"马克思主义中国化"命题的提出，既是对中国革命经验的总结，也是对新文化运动的总结。

针对党内存在的主观主义学风，毛泽东同志在延安整风运动中强调要重视研究现状、研究历史和研究理论。他在批评不注重研究历史的教条主义时尖锐指出："许多马克思列宁主义的学者也是言必称希腊，对自己的祖宗，则对不住，忘记了。"中国共产党人首先是中华民族的优秀一分子，是中华民族优秀品质和优秀传统的继承者和弘扬者，倘若否认有"自己的祖宗"，那他就是中华民族的不肖子孙，也就注定不能成为真正的中国马克思主义者。1943 年，中共中央在《关于共产国际执委主席团提议解散共产国际的决定》中更明确地阐明了党对传统文化的态度、方针和马克思主义中国化的科学内涵，指出："中国共产党人是我们民族一切文化、思想、道德的最优秀传统的继承者，把这一切优秀传统看成和自己血肉相联的东西，而且将继续加以发扬光大。中国共产党近年来所进行的反主观主义、反宗派主义、反党八股的整风运动就是要使得马克思列宁主义这一革命科学更进一步地和中国革命实践、中国历史、中国文化深相结合起来。"

马克思、恩格斯、列宁都十分强调马克思主义要与各国具体实际相结合，反对教条主义。但他们都没有明确提出要与本国的历史文化相结合，更没有讲要民族化、本国化。产生于西方的马克思主义未能在西方取得实践上的胜利，反倒在东方相对落后的中国开花结果。这是马克思主义发展史上的奇迹，也是人类历史发展的奇迹。这种奇迹的发生，固然同人类历史进入世界历史相关，与 20 世纪世界与中国的现实形势相关，但也与中国是一个拥有悠久历史、丰厚文化遗产的文明古国息息相关。须知，最好的种苗在贫瘠的土壤中难以长成参天大树。5000 余年博大精深的思想文化，为马克思主义在中国生根、开花、结果提供了肥沃土壤。

回顾历史，20 世纪上半叶的中国，是一个农民和其他小资产阶级占优势的国家，无产阶级人数很少，中国共产党的主要成分是农民，且长期在分散的农村活动。在这样的环境和条件下，要建设一个具有群众性的、马克思主义的无产阶级政党，是一个极其艰难且无先例的任务。但中国共产党做到了。其中的奥秘，除了始终把马克思主义理论建设看作党的基础建设、根本建设外，很重要的一条是吸取和改造中国古代重视修身的传统，重视党的思想建设，重视党内无产阶级思想与非无产阶级思想的斗争，重视共产党员的思想意识修养和党性锻炼，以保证党的纯洁性、先进性。这一马克思主义与中国优秀传统文化相结合的范例，丰富和发展了无产阶级政党的党建理论。

党的十八大以来，以习近平同志为核心的党中央在大力推进马克思主义中国化的进程中，对马克思主义与中国传统文化相结合的认识与实践进入新阶段：指出中华优秀传统文化是我们民族的"根"和"魂"，积淀着中华民族最深层的精神追求，是代表着中华民族独特的精神标识，为中华民族生生不息、发展壮大提供了丰厚滋养，是我们在世界文化激荡中站稳脚跟的根基；强调"马克思主义基本原理必须同中国具体实际紧密结合起来，应该科学对待民族传统文化"，阐明中华优秀传统文化是发展当代中国马克思主义的丰厚滋养，传承发展中华优秀传统文化是建设中国特色社会主义事业的实践之需。

把中国的历史经验、民族智慧和民族精神融入马克思主义

百年来，中国共产党不断推进马克思主义与中国优秀传统文化相结合，科学总结和概括博大精深、丰富多彩的中国优秀传统文化，把中国的历史经验、民族智慧和民族精神融入马克思主义，使之具

有中国的内容、中国的作风和中国的气派，为中国的民族独立和社会主义现代化服务。

中华民族创造了灿烂的古代文明，产生了许多伟大的思想家、科学家、发明家、文学家、艺术家、政治家、军事家、革命领袖和民族英雄等。中华民族又具有重视历史文化积累与研究、以史为鉴的优秀传统。中华民族的历史文化遗产，犹如一个无穷无尽的矿藏，需要我们用最先进的科学方法去发掘和提炼，以获取今天所需要的珍贵滋养。如何立足当代中国和世界的现实，运用马克思主义的科学方法，对中国的历史文化进行概括和总结，是一个永无止境的历史工程。对中国历史经验的总结与借鉴，对政治、军事、经济、哲学、教育、历史、文学、艺术等具体领域的批判继承，对成语典故、民间谚语等思想资料和古代语言的运用，我们党百年来做了大量工作，产生了许多精辟独到的成果。

党的十八大以来，针对历史虚无主义、民族虚无主义的现实危害，以及迷信西方文化和旧中国遗留的民族自卑心理，习近平总书记多次强调文化自信的重要意义，反复说明中国特色社会主义文化，源自于中华民族五千多年文明历史所孕育的中华优秀传统文化，熔铸于党领导人民在革命、建设、改革中创造的革命文化和社会主义先进文化，植根于中国特色社会主义伟大实践。他立足当代中国和世界实际，运用马克思主义立场观点方法，对马克思主义与中国传统文化的关系作了进一步阐发。他指出，中国共产党人是马克思主义者，坚持马克思主义的科学学说，坚持和发展中国特色社会主义，但中国共产党人不是历史虚无主义者，也不是文化虚无主义者。优秀传统文化是一个国家、一个民族传承和发展的根本，如果丢掉了，就割断了精神命脉。对包括儒学在内的传统文化应持创造性转化、创新性发展的态度。他对中国传统文化做了系统概括梳理，比如，关于道法自然、天人合一的思想，关于天下为公、大同世界的思想，关于自强不息、厚德载物的思想，关于以民为本、安民富民乐民的思想，关于为政以德、政者正也的思想，关于苟日新日日新又日新、革故鼎新、与时俱进的思想，关于脚踏实地、实事求是的思想，关于经世致用、知行合一、躬行实践的思想，关于集思广益、博施众利、群策群力的思想，关于仁者爱人、以德立人的思想，关于以诚待人、讲信修睦的思想，关于清廉从政、勤勉奉公的思想，关于俭约自守、力戒奢华的思想，关于中和、泰和、求同存异、和而不同、和谐相处的思想，关于安不忘危、存不忘亡、治不忘乱、居安思危的思想，等等。他进而指出，中国优秀传统文化的丰富哲学思想、人文精神、教化思想、道德理念等，可以为人们认识和改造世界提供有益启迪，可以为治国理政提供有益启示，也可以为道德建设提供有益启发。中国人民的理想和奋斗，中国人民的价值观和精神世界，是始终深深植根于中国优秀传统文化沃土之中的，同时又是随着历史和时代而不断与时俱进的。他在自己的讲话和文章中经常引用古代文化典籍和诗文中的名言佳句、成语典故，善于将历史经验、中国智慧和民族精神融入当代马克思主义，以为治国理政和党的建设之用，有力推进了马克思主义中国化、时代化和大众化。

中国传统文化遗产是一个内容异常丰富的多层次、多方面的复合体，其中最深层的、具有永久价值的是民族精神。中华民族的民族精神是什么、包含哪些内容，见仁见智，很难用一两个命题或判断表达。自尊自信、自强不息的奋斗精神，与时俱进、日新变革的创新精神，崇真求实、经世致用的实事求是精神，天下为公、公而忘私的献身精神，协和万邦、睦邻友好的和平精神等，都是民族精神的内涵。民族精神是一个民族的精髓和灵魂，倘若中断了，那这个民族就灭亡了。马克思主义与中国传统文化相结合，马克思主义的中国化，从根本上讲，就是马克思主义与中华民族的民族精神相融合，就是马克思主义在吸取、融入中华民族民族精神的同时，又赋予中华民族民族精神以新的活力和内容。只有做到马克思主义的科学真理与中华民族的民族精神相融合，马克思主义才能真正内化为中华民族的灵魂，才能真正地中国化。

结合新的实践和时代要求正确看待和取舍传统文化遗产

任何民族的文化都是一定时代的历史产物，是一个矛盾的复杂体，既有精华，又有糟粕。中国传统文化也不例外。事实上，即便是文化精华、优良传统，也受到历史条件的限制而存在不足。在充分肯定中国优秀传统文化的同时，必须正视传统文化存在的问题，用历史唯物主义观点加以具体分析，警惕在马克思主义中国化过程中传统文化消极因素的渗入。

习近平总书记指出："传统文化在其形成和发展过程中，不可避免会受到当时人们的认识水平、时代条件、社会制度的局限性的制约和影响，因而也不可避免会存在陈旧过时或已成为糟粕性的东西。"

针对国学热、儒学热中崇古尊圣的复古主义倾向，他指出，在学习、研究、应用传统文化时坚持古为今用、推陈出新，结合新的实践和时代要求进行正确取舍，而不能一股脑儿都拿到今天来照套照用。不能搞厚古薄今、以古非今。努力实现传统文化的创造性转化、创新性发展，使之与现实文化相融相通，共同服务以文化人的时代任务。

5000余年从未中断的博大精深的历史文化是值得我们引以为自豪的，是我们的发展优势之一。但也要辩证地看，正因为历史悠久，所以包袱也沉重，中国的封建专制主义文化、复古主义和保守主义，根深蒂固、不易拔除。传统文化中消极的、落后的因素经过千百年的积淀和延续，已渗透到社会生活的各个方面，成为社会主义现代化建设的无形阻力。必须认识到，中国的社会主义是在半殖民地半封建社会基础上建立起来的。在社会主义初级阶段，反对传统文化中的消极因素仍将是一个长期的、艰巨的历史任务。家长制、一言堂、官本位、等级特权、强同斥异、因循守旧等封建残余和小生产者心理，在社会生活的各个方面均不同程度地存在着，影响党内政治生活，侵蚀着党的先进性、纯洁性。在大力提倡继承和弘扬中国优秀传统文化珍贵遗产的今天，我们应有一个冷静而清醒的头脑，在反对历史虚无主义的同时，反对"厚古薄今、以古非今"的复古主义。在马克思主义与中国传统文化相结合的过程中，在大力弘扬中国优秀传统文化的同时，必须面向现代化，面向世界，面向未来，大胆吸取世界文明成果，以不断推进马克思主义中国化、时代化、大众化。

（《光明日报》2021 年 05 月 18 日第 16 版）

从"彼此契合"到"互相成就"

——"第二个结合"的内在逻辑

张允熠

习近平总书记在文化传承发展座谈会上指出，在五千多年中华文明深厚基础上开辟和发展中国特色社会主义，把马克思主义基本原理同中国具体实际、同中华优秀传统文化相结合是必由之路。习近平总书记关于文化建设的新思想新观点新论断，内涵十分丰富、思想十分深刻，对于我们深刻把握中华文明的突出特性，深刻把握"两个结合"的重大意义，更好担负起新的文化使命具有重要的指导意义，需要认真学习和领会。

马克思主义同中华优秀传统文化"彼此契合"

契合，意为两相符合。不同事物的契合性就是一种先在的共同性。马克思主义中国化时代化受益于其与中华优秀传统文化之间的高度契合性，这种契合性既形成了两者之间的亲和力，也奠定了双方的结合点。"结合"是主体间的一种相互接受行为。"契合"是逻辑前提，"结合"是逻辑进程。

马克思主义同中华优秀传统文化存在着众多契合点，以下仅举几例：

第一，两者在宇宙观上具有契合性：都具有无神论的共同特征。《论语》中没有"创世纪"的观念和关于"一神教"的启示，后世儒家更不乏唯物主义和无神论大师，无神论汇成了中国儒家的主体精神特征之一；马克思主义不仅以一种彻底的反宗教、反神学的理论面貌出现在欧洲思想史上，而且还以其科学无神论为武器揭露了宗教神学的本质。这两种文化都反对采取超人间的力量去改造社会，主张重视现实人生和现实社会。

第二，两者在实践观上具有契合性。实践的观点是马克思主义哲学的首要观点，重实践、拒玄虚也是儒家哲学的基本特征。从孔子到荀子、王充、王阳明，再到明清之际的"实学"大师顾炎武、王夫之、颜元等人，无不重视实践、实行、实效，他们在对"知行"关系的论述上，颇多与马克思主义哲学相合之处。当然，马克思所说的实践是"改变世界"的"革命的实践"，这是超越儒学的地方。

第三，两者在辩证思维方式上具有契合性。美国学者斯塔尔认为,辩证法在中国文化传统中比在欧洲文化传统中影响广泛而深刻,古希腊的辩证思想"没等到牢固地扎根就被抛弃了",只是到了德国古典哲学家那里辩证法才获得了重生。相反,辩证思维的逻辑在中国哲学中一直延续至今。斯塔尔写道:辩证法在其最早的创始人那里,具有一种三合一的结构,对立面的两个互补要素被包含在第三个要素之内,这是一个不变的框架,冲突就在这个框架内发生……中国的太极图就是这种框架的象征,阴阳的冲突被束缚在这个圆圈内。黑格尔唯心主义辩证法就是这样一个"圆圈",马克思的唯物辩证法是对黑格尔辩证法的"颠倒"和扬弃。

第四,两者在天下观和历史观上具有契合性。中华优秀传统文化非常重视从现实的物质生活根源中寻找历史发展的动因,认为人的道德和政治活动乃至国家的治乱兴衰与人的直接的物质利益和生活状况息息相关;儒家强调国家的根本是人民,政治制度、君主专制相对于民本都是次要的;儒学认为历史阶段的发展在于"势"(必然性),而不在于"圣人意"(绝对精神),历史的进化不以人的意志为转移。王夫之曾用"理势合一"的命题阐述了历史的必然性与规律性相统一的杰出见解。美国汉学家魏斐德认为,王夫之"在某些方面,这引起共鸣的主题让人隐约地联想到了马克思本人"。

第五,两者在道德观上具有契合性。马克思主义与儒学一方面承认人的自然属性及其表现形式的合理性;另一方面又认为只有用人的社会属性来规范自然属性才能达到人性的完善。儒家一方面承认"饮食男女,人之大欲存焉";另一方面却主张"为善去恶"来完善人性。马克思批判资本主义制度鼓励人们不择手段地去满足个人私欲，主张在改造客观世界的同时使人的自然属性与社会属性相适应，实现每个人的自由而全面发展。

第六，两者在社会观上具有契合性。马克思主义与儒学都反对超验的宗教信仰，都主张在社会生活和实践经验上的"革故鼎新"，认为超越不是对人间的超越，而是对现实的超越，是对未来一个没有剥削和压迫、人人平等、公平正义社会的向往；两者都认为理想境界就是理想社会和理想人格的完美统一，是物质财富充裕和道德境界高尚的统一。这种未来社会只有通过现实人的世代努力才能最终实现。因此，儒家的"大同"与马克思主义主张的共产主义社会具有高度契合性。

由契合到亲和，再到把两者有机地结合，这是合目的性与合规律性的历史和逻辑的进程。

马克思主义同中华优秀传统文化"互相成就"

正是由于马克思主义同中华优秀传统文化存在高度的契合性，在这一前提下，两者才有可能进入相互"结合"的逻辑进程，造就了一个有机统一的新的文化生命体，让马克思主义成为中国的，中华优秀传统文化成为现代的，让经由"结合"而形成的新文化成为中国式现代化的文化形态。

在革命斗争中，以毛泽东同志为主要代表的中国共产党人，把马克思列宁主义基本原理同中国具体实际相结合，对一系列独创性经验作了理论概括，创立了毛泽东思想，解决了"中国向何处去、中国革命向何处去"的时代课题。鉴于民主革命时期教条化的马克思主义使中国革命蒙受了巨大损失,经验和教训使中国共产党人意识到:马克思主义必须中国化,即必须与中国具体的革命实际相结合,使之具备"中国作风和中国气派",只有如此才能解决中国的具体问题。通过"第一个结合"找到了一条中国革命胜利的道路,建立了新中国。以邓小平同志、江泽民同志、胡锦涛同志为主要代表的中国共产党人从新的实践和时代特征出发坚持和发展马克思主义,创立了邓小平理论,形成了"三个代表"重要思想、科学发展观等重大理论成果。党的十八大以来,以习近平同志为主要代表的中国共产党人,坚持把马克思主义基本原理同中国具体实际相结合、同中华优秀传统文化相结合,创立了习近平新时代中国特色社会主义思想,实现了马克思主义中国化时代化新的飞跃。

"第二个结合",是我们党对马克思主义中国化时代化历史经验的深刻总结,是对中华文明发展规律的深刻把握,表明我们党对中国道路、理论、制度的认识达到了新高度,表明我们党的历史自信、文化自信达到了新高度,表明我们党在传承中华优秀传统文化中推进文化创新的自觉性达到了新高度。

习近平总书记指出,"结合"的前提是彼此契合、"结合"的结果是互相成就、"结合"筑牢了道路根基、"结合"打开了创新空间、"结合"巩固了文化主体性。创立习近平新时代中国特色社会主义思想就是这一文化主体性的最有力体现。这充分揭示了"第二个结合"的内在逻辑进程。"第二个结合"的成就不仅让马克思主义成为中国的、中华优秀传统文化成为现代的,而且造就了一个有机统一的、能体现出中华文化主体性的新的文化生命体，使经由"结合"而形成的新文化成为中国式现代化的文化形态。

建设中华民族现代文明

由"彼此契合"到"互相成就"，是马克思主义中国化时代化的必然结果。当前，我们面临着建设中华民族现代文明的历史使命，"第二个结合"的逻辑进程并未结束。因此，要不断深化对"中国式现代化的文化形态"建设的规律性认识，在总结"第二个结合"历史经验的基础上，充分发挥其最大功用。

"第二个结合"提供了治国理政和文化建设的思想资源。中国这样一个历史悠久、文脉传承不曾中断的文明古国，积累了丰富的文化遗产，这是新时代中国共产党人领导中国式现代化建设的一座思想宝库。面对世界百年未有之大变局，马克思主义基本原理同中华优秀传统文化相结合能够源源不断为建设中华民族现代文明提供智慧和方案。

"第二个结合"奠定了新时代文化自信的心理基石。文化自信是更基础、更广泛、更深厚的自信，是一个国家、一个民族发展中最基本、最深沉、最持久的力量。它既是一种凝聚着历史自信的恒久力量，又是一种携同理论自信、制度自信、道路自信的信念合力，只有不断加固"文化自信"的精神支柱，才能建设中华民族现代文明。我们在"不忘本来"的同时，还要注重"吸收外来"，在坚持历史自信、文化自信的同时，充分利用全人类创造的文明价值为建设中华民族现代文明服务。

"第二个结合"是中华民族现代文明有别于其他文明体系的"中国特色"之所在。中国化马克思主义、中国道路、中国精神、中国价值、中国智慧、中国方案、中国声音、中国话语、中国力量、中国故事、中国式现代化……无不标注着鲜明的"中国特色","中国特色"蕴含着中华民族现代文明的文化基因。

习近平总书记指出,"第二个结合"是又一次的思想解放,让我们能够在更广阔的文化空间中,充分运用中华优秀传统文化的宝贵资源,探索面向未来的理论和制度创新。这意味着"第二个结合"可以纠正一些文化认识上的偏差,打破一些思想上的禁锢,使"第二个结合"的逻辑进程不断向前延伸——"以守正创新的正气和锐气,赓续历史文脉、谱写当代华章"。

(《光明日报》2023 年 06 月 15 日第 06 版)

"第二个结合"与
建设中华民族现代文明

何中华　郝书翠

习近平总书记在文化传承发展座谈会上强调，在新的起点上继续推动文化繁荣、建设文化强国、建设中华民族现代文明，是我们在新时代新的文化使命，并指出，"第二个结合"是又一次的思想解放，让我们能够在更广阔的文化空间中，充分运用中华优秀传统文化的宝贵资源，探索面向未来的理论和制度创新。这一重大论断，表明新时代中国共产党人对中华文化历史、前途与命运这一全局性、根本性问题的认识达到了新高度，体现了中国共产党对中华文化发展史、马克思主义文化理论发展史、人类文明发展史内在规律的深刻把握，为不断推进党的理论创新、传承发展中华文化、建设中华民族现代文明提供了科学指引。

"第二个结合"集中体现马克思主义与
中华优秀传统文化的互相成就

把马克思主义基本原理同中华优秀传统文化相结合,一方面使马克思主义实现了本土化,一方面使中华优秀传统文化实现了现代化。这既是一个互相成就的过程,又是一个实现"双赢"的结果。

马克思主义同中华优秀传统文化的结合,不是简单拼凑和机械堆砌,而是有机契合和内在会通,它充分体现了马克思所说的辩证运动的实质,也就是使两者融合成为一个"新范畴"。马克思主义中国化时代化,既是实践选择的结果,又是文化选择的结果。马克思主义来到中国,首先要让马克思"说汉语"。这种语言层面的转换不是简单的翻译问题,而是以中国人所特有的言说方式去解读马克思主义,其结果必然是马克思主义的中国式诠释。马克思曾说,理论在一个国家的实现程度,取决于它满足这个国家需要的程度。马克思主义之所以被中国所选择,意味着它合乎中国社会的迫切需要,其中必然包含着文化上的需要。只有适应并满足中国社会和文化需要,马克思主义才能在中国大地生根、开花、结果,从而成为毛泽东同志当年所主张的那种"活的马克思主义",而不是他批评的那种脱离中国具体国情的"死的马克思主义",也就是教条主义的马克思主义。

中国革命、建设、改革的历史经验一再证明,只有与中华优秀传统文化"结合"了的马克思主义,才能在中国变成一种有生命的存在。离开了同中华优秀传统文化的有机结合,马克思主义顶多是"在中国",而不可能变成"中国的"。因此,马克思主义中国化时代化必然深深地打上中华优秀传统文化的底色和烙印。中华优秀传统文化充实了马克思主义的文化生命，为马克思主义中国化时代化提供了丰厚的历史文化滋养，从而使其成为可能。

"第二个结合"不仅让马克思主义成为"中国的"，而且让中华优秀传统文化成为"现代的"。正是马克思主义的传入，引发了中华优秀传统文化的深刻变革和现代转型，通过"创造性转化"和"创新性发展"实现了再造。一方面，马克思主义为我们提供了批判地继承传统文化遗产的甄别标准，使"剔除其糟粕，汲取其精华"得以实现。另一方面，马克思主义又以真理之光激活中华文明内蕴的优秀因子，使其在新的历史语境中不断焕发出生机和活力。马克思主义的立场、观点和方法，应用于中国革命、建设、改革的实践，以及在这种实践运用所积累的丰富历史经验基础上实现的反刍和升华，为中华民族现代文明的能动建构打开了朝向未来的创新空间。马克思主义的人民本位立场，激活了传统文化中的民本思想；马克思主义的革命理论，激发了传统文化的革故鼎新的生生变易思想；马克思主义的共产主义学说，激活了传统文化的大同社会愿景；马克思主义的唯物论和辩证法，重铸了传统文化中的世界观和辩证思维，如此等等。

经过马克思主义学说及其实践的洗礼和激荡，古老而睿智的中华文明所内蕴的连续性、创新性、统一性、包容性、和平性等突出特性，中华民族历经上下五千年艰苦卓绝的生存斗争而积淀形成的宇宙观、天下观、社会观、道德观，在新的历史语境中得以重新彰显。在这一过程中，中华优秀传统文化实现了现代转型，也为中国式现代化提供了深刻启示，从而显示出它的恒久魅力。正是在此意义上，马克思主义构成中国传统文化赖以实现现代化的重要契机和条件，它使我们有条件对中华优秀传统文化进行创造性转化和创新性发展，从而建设中华民族现代文明、创造人类文明新形态。在一定意义上，"第二个结合"是中华民族现代文明有别于其他文明体系的"中国特色"之所在。中国化马克思主义、中国特色社会主义、中国道路、中国精神、中国价值、中国智慧、中国方案、中国声音、中国话语、中国力量、中国故事、中国式现代化……所有这一切，无不带有鲜明的"中国色彩"，无不内在蕴含着中华民族现代文明的文化底色和遗传基因。

"第二个结合"赋予中华民族现代文明历史内涵和思想基础

当今时代，文化已经成为关乎国本和国运的一个关键因素。在新的历史起点上大力推动文化繁荣、建设文化强国，建设中华民族现代文明，是我们党在新时代所肩负的文化使命。中华民族现代文明包含着民族性和时代性维度上的规定，它在民族性维度上凸显民族的主体性，在时代性维度上凸显中华文明由传统到现代的历史性转型。在这个意义上，"第二个结合"可以为建设中华民族现代文明提供深厚历史内涵和坚实思想基础。

建设中华民族现代文明的文化使命，内蕴着对现代文明类型的主体民族性的诉求。不同民族之间的差别，主要表征为文化意义上的差别。"中国"和"中华"都不只是一个地域学概念，而首先是一个历史—文化学概念。文化是通过历史的不断建构和演进而生成的，历史又反过来赋予一个民族以特有的文化底蕴和内涵。经过 5000 多年文明史的浓缩和积淀，中华民族形成了伟大民族精神和优秀文化传统，这是中华民族得以生生不息、长盛不衰的文化基因。当代中国是历史中国的延续和发展，中国的历史和文化是中国之为中国、中国人之为中国人的内在根据。中华文明源远流长、博大精深，在其长期嬗变过程中，逐步形成了中国人看待世界、看待社会、看待人生的独特视野和独特的价值体系、文化内涵和精神品质，构成中华民族所特有的精神标识，是我们区别于其他民族的根本特征，是我们今天建设中华民族现代文明的文化根基。

"两个结合"是在中华民族走向伟大复兴的背景下自觉提出来的。中华民族现代文明是中国共产党带领中国人民在中国大地上创造的。建设中华民族现代文明，是以"中华民族"为主体展开的伟大实践，必然要彰显中华文明的基本性质，呈现中国传统文化的基本特征。只有自觉地强化文化的自主性，才能建构起文化意义上的自我主体性。而如果丧失了这种文化意义上的主体性，文化自信就无从谈起。"第二个结合"极大地增强了我们的文化主体性及其自觉，回答了马克思主义中国化时代化究竟是谁的马克思主义、又是为谁的马克思主义这一重大课题，明确了马克思主义中国化时代化的主语是中国，凸显了中华民族的文化主体性和自主性，为建设中华民族现代文明提供了具有鲜明确定性的历史内涵。

从另一方面看，建设中华民族现代文明的文化使命，又内蕴着对文明现代转型的客观要求。一切国家和民族的历史性崛起，都是以文化创新和文明进步为先导的。只有创造新的文明形态，国家实力的强大才能转化为文明意义上的兴盛。中华民族现代文明不是传统意义上的文明，而是中国式现代化在文明类型层面上的升华和自觉，它充分显示了强烈的现代意识以及解决"世界怎么了""人类向何处去"时代问题的使命感。在这个意义上，建设中华民族现代文明内在地要求构建一种超越西方式现代化的那种以对抗、异化和片面发展为特征的局限性，以"第二个结合"为思想基础的新型文明形态。作为一种批判并超越物化逻辑的科学理论，马克思主义既推动中华民族正确把握时代境遇和历史进程，又提供一种适应面向未来的新发展观、新历史观、新文明观，从而指导中华民族勘明、锚定发展方向，并在实践中实现对西方式现代化的能动超越，以凸显中华文明的"现代维度"，在"返本开新"的意义上不断引领和开辟人类文明新境界。

中华民族历来秉持"周虽旧邦，其命维新"的精神，使得中华文化不断"推陈出新"，这是能够适应现代文明转型及其需要的重要文化条件。新时代中国特色社会主义在 21 世纪的不断开拓创新，还会积累更丰富的实践经验。这些实践经验不断消化的过程，亦即推进理论创新的过程。这一过程，既包含中华优秀传统文化背景，也体现马克思主义基本原理的根本要求。经由"第二个结合"形成的新文化，构成中国式现代化的文明形态。它浓缩并体现着马克思主义基本原理和中华优秀传统文化及其有机结合。总之，"第二个结合"为中华民族现代文明建设提供思想基础，中国的现代化进程因此而获得了把握历史大势的正确向导，这一创造性实践作为民族性和世界性兼具的伟大事业，也使得马克思主义本身得以不断创新，进而获得更加强大的影响力和感召力。

"第二个结合"增强了建设中华民族现代文明的精神主动

在新的历史起点上担当起新的文化使命，建设中华民族现代文明，就要"以古人之规矩，开自己之生面"。"第二个结合"是作为中华优秀传统文化的忠实传承者和弘扬者的中国共产党对马克思主义中国化时代化历史经验的深刻总结，表明我们党在传承中华优秀传统文化中推进文化创新的自觉性达到了新高度，表明我们日益在文化心理上走向文化自信，并由此获得建设中华民族现代文明的精神主动。

经过中华民族艰苦卓绝的不懈奋斗，特别是在中国共产党领导下，经过革命、建设、改革的历史性跨越，我们今天比历史上任何时期都更接近实现中华民族伟大复兴的目标，中华民族伟大复兴进入了不可逆转的历史进程。这是我们在文化心理上走向文化自信的底气所在。因此，我们今天需要特别强调中国人的文化主体性和中国传统文化的独特性。中国式现代化的意义和价值就在于，它既昭示了一种不同于西方式现代化道路的可能性，使中华民族在现代化进程中充分葆有自主性，又意味着我们的文化自觉已经实现了从自在到自为、从自发到自觉的转变。在一定意义上，这构成了建设中华民族现代文明的精神条件。

习近平总书记强调："中华民族生生不息绵延发展、饱受挫折又不断浴火重生,都离不开中华文化的有力支撑";"如果没有中华五千年文明,哪里有什么中国特色?如果不是中国特色,哪有我们今天这么成功的中国特色社会主义道路?"在文化的轴线上把握历史、现实与未来,在精神的维度中把握时代精神和民族精神,成为在新的历史起点上实现"两个结合"的客观要求。对历史最好的继承,就是创造新的历史;对人类文明最大的礼敬,就是创造人类文明新形态。"第二个结合"融民族性与时代性于一体,融中华优秀传统文化与马克思主义于一体,为建设中华民族现代文明确立了基本的精神坐标,使中华民族在自觉追求并建设现代文明的历史创造中,赢得精神主动。"第二个结合"所带来的又一次思想解放,必将使我们更加大胆地突破旧有的思想限囿,以积极姿态能动地应对这个日益不确定的世界带来的各种风险挑战,实现建设中华民族现代文明的宏伟目标。

(《光明日报》2023 年 06 月 28 日第 11 版)

深刻把握"第二个结合"的三重逻辑

吴明永

习近平总书记近日在文化传承发展座谈会上发表重要讲话,对"两个结合"作了进一步论述,突出强调了"第二个结合"的重大意义。"第二个结合"是我们党对马克思主义中国化时代化历史经验的深刻总结,是对中华文明发展规律的深刻把握,是又一次的思想解放,让我们能够在更广阔的文化空间中,充分运用中华优秀传统文化的宝贵资源,探索面向未来的理论和制度创新。习近平总书记关于"第二个结合"的重大论断,蕴含着深刻的理论逻辑、价值逻辑和实践逻辑。

从理论逻辑来看,"第二个结合"是对马克思主义中国化在机理上的深度诠释。"第二个结合"这一论断的具体表述中已经清楚地指出了要结合的对象,即"马克思主义基本原理"和"中华优秀传统文化"。这二者之所以能够结合，是因为它们本身具有高度的契合性。中华优秀传统文化和马克思主义在社会理想、治理思想、伦理观念、思维方式等方面具有高度契合性，相互契合才能有机结合。只有把马克思主义深深扎根于中华民族的历史文化沃土中，形成适用于本土的理论，马克思主义真理之树才能枝繁叶茂。

马克思主义基本原理是能够体现马克思主义根本性质和整体特征，起到基础和灵魂作用的核心内容。中华优秀传统文化的"优秀"是不可或缺的关键词。对传统文化，不能不加分析地全盘照搬。只有按照辩证唯物主义和历史唯物主义的要求，进行科学鉴别和正确取舍的中华传统文化，才算是中华优秀传统文化。进行"第二个结合"不是泛泛而谈，而是二者在互动融合中孕育出新理论、新思想，造就了一个有机统一的新的文化生命体。

从价值逻辑来看，"第二个结合"是对马克思主义中国化时代化诉求的深沉关切。不断推进"第二个结合"，对中国的经济社会发展、对推进中华民族伟大复兴，有着至关重要的价值和意义。首先，"第二个结合"拓展了中国特色社会主义道路的文化根基。中国特色社会主义道路，是科学社会主义理论逻辑和中国社会发展历史逻辑的辩证统一，既不断激发中华优秀传统文化的生机和活力，又从中华优秀传统文化中汲取智慧和力量，具有深厚的历史渊源和广泛的现实基础。马克思主义基本原理同中华优秀传统文化相结合，让中国特色社会主义道路有了更加宏阔深远的历史纵深。

其次，"第二个结合"在理论创新方面彰显了独特价值。"第二个结合"打开了创新空间，让我们掌握了思想和文化主动，并有力地作用于道路、理论和制度。中华优秀传统文化是中华民族的根和魂，是推进理论创新的丰厚土壤。我们要坚持从本国本民族实际出发，从历史文化中汲取丰富的思想元素，同时以海纳百川的宽阔胸襟借鉴吸收人类一切优秀文明成果，坚持择善而从、兼收并蓄，不断拓展文化创新空间，掌握推进创新的思想和文化主动。

从实践逻辑来看，"第二个结合"为推进中国式现代化注入精神力量。"马克思主义基本原理同中华优秀传统文化相结合"是一个理论命题，更是一项实践课题。"第二个结合"的提出，为中华优秀传统文化的保护、传承和发展，以及与马克思主义的融合指明了道路。一是更为自觉地创新文化。在保护中华文化遗产的同时，应当意识到，中华文化需要随着时代和文化的发展而不断进行创新。因此，继承发扬中华优秀传统文化，更要关注既有的文化现象，对其形成的原因作出深入的理解和分析，寻找探究中华优秀传统文化对于新时代发展的启示和意义。二是加强文化自信，全面推进中华优秀传统文化的保护和传承，并通过具有创新性和针对性的文化教育来激发广大民众的文化自信心和创新力。三是坚持全球视野，加强文化交流与合作。在互联网时代，文化交流的空间和时间得到拓展，各国文化之间的互动和交流变得更加便捷和广泛。在这个背景下，需要积极打造具有中国特色的文化品牌，积极开展文化交流和高质量文化合作，提高中华优秀传统文化的国际传播力和影响力。

新征程上，我们必须认真学习贯彻习近平总书记关于"两个结合"的一系列重要论述，坚持解放思想、实事求是、守正创新，不断探索马克思主义基本原理同中华优秀传统文化相结合的融合创新之路，赓续历史文脉、谱写当代华章。

（《光明日报》2023 年 08 月 02 日第 02 版）

深刻把握"第二个结合" 凝聚文化强国建设磅礴力量

王维国

文化关乎国本、国运。习近平总书记在文化传承发展座谈会上指出,"在五千多年中华文明深厚基础上开辟和发展中国特色社会主义,把马克思主义基本原理同中国具体实际、同中华优秀传统文化相结合是必由之路",并阐述了把马克思主义基本原理同中华优秀传统文化相结合的"第二个结合",这深刻体现了我们党对中华文明发展规律的深刻把握,充分彰显了我们党高度的文化自觉和坚定的文化自信,是中华民族现代文明建设历程的经验总结,更是新的历史起点上掌握思想和文化主动,推进中华民族现代文明建设的科学指引,必须倍加珍惜、始终坚持。

"第二个结合"深刻体现了 我们党对中华民族现代文明建设规律的理论把握

深刻揭示了"第二个结合"的前提是彼此契合。习近平总书记指出："马克思主义和中华优秀传统文化来源不同，但彼此存在高度的契合性。相互契合才能有机结合。"结合不是拼盘，不是简单的物理反应，而是深刻的化学反应。马克思主义和中华优秀传统文化之所以能够结合，其深层原因在于马克思主义的基本主张同中华优秀传统文化的诸多元素，如天下为公、天下大同的社会理想，民为邦本、为政以德的治理思想，九州共贯、多元一体的大一统传统，修齐治平、兴亡有责的家国情怀，厚德载物、明德弘道的精神追求，富民厚生、义利兼顾的经济伦理，天人合一、万物并育的生态理念，实事求是、知行合一的哲学思想，执两用中、守中致和的思维方法，讲信修睦、亲仁善邻的交往之道等具有高度的契合性。所谓"契合性"，代表的是马克思主义和中华优秀传统文化作为两个独立的价值体系，虽来源不同，却有着价值共通性；所谓"高度"，代表的是二者契合，是必然的、本质的契合，而不是偶然的、表面的契合。马克思主义和中华优秀传统文化的高度契合性是在马克思主义基本原理同中华优秀传统文化相结合的语境下提出的，这种高度契合性表明了马克思主义基本原理同中华优秀传统文化的结合不是一种强加，也不是一种外部嵌入，而是其自身固有价值属性的体现。如果没有"高度的契合性"作为前提条件，马克思主义基本原理同中华优秀传统文化相结合就会缺乏相应的历史基础和群众基础，中国化时代化的马克思主义也不能更好地为中国人民所喜爱、所认同、所拥有。

深刻揭示了"第二个结合"的结果是互相成就。习近平总书记指出,"让马克思主义成为中国的,中华优秀传统文化成为现代的,让经由'结合'而形成的新文化成为中国式现代化的文化形态"。这深刻揭示了"第二个结合"的结果,是马克思主义和中华优秀传统文化的互相成就、彼此滋养。一方面,"第二个结合"让马克思主义成为中国的。中国共产党深刻认识到,只有植根本国、本民族历史文化沃土,马克思主义真理之树才能根深叶茂。马克思主义基本原理同中华优秀传统文化相结合,不仅为马克思主义在中国的传播与发展提供了丰富的人文精神、道德价值和历史智慧养料,更让马克思主义真正成为中国的马克思主义。另一方面,"第二个结合"让中华优秀传统文化成为现代的。将马克思主义的基本立场观点方法与中国实践、中国历史、中国文化结合起来,不仅使马克思主义能够深深根植于中国历史文化土壤之中,马克思主义的真理力量激活了中华文明;不仅使中华文明突出的连续性、创新性、统一性、包容性与和平性在科学理论的指引下得到开垦和激发,更让中国人民在长期生产生活中积累的宇宙观、天下观、社会观、道德观在历史与现实的碰撞下打开了创新空间。可以说,"第二个结合"是又一次的思想解放,让我们能够从增强历史自觉、坚定文化自信、实现民族复兴的高度,在更广阔的文化空间中建设中华民族现代文明,推进马克思主义的理论主脉与中华民族的精神血脉内在贯通、历史中国的深厚底蕴和现实中国的崭新气象相互融通,赋予中华文明以现代力量、赋予马克思主义以深厚底蕴，造就一个有机统一的新的文化生命体。

"第二个结合"深刻体现了
我们党对中华民族现代文明建设历程的历史总结

"第二个结合"是中华民族现代文明建设，在中国革命、建设和改革伟大实践中的充分彰显。习近平总书记指出："中国共产党从成立之日起，既是中国先进文化的积极引领者和践行者，又是中华优秀传统文化的忠实传承者和弘扬者。"回望中国共产党带领中国人民建设现代文明的壮阔历史，在推动马克思主义中国化时代化的征程中，中国共产党始终重视马克思主义基本原理同中华优秀传统文化相结合，同中华民族的思维方式、民族心理、审美情趣和行为习惯相结合。在新民主主义革命时期，毛泽东同志指出："马克思主义必须和我国的具体特点相结合并通过一定的民族形式才能实现。"以毛泽东同志为主要代表的中国共产党人，始终坚持用民族的形式、大众的话语来说明中国革命的基本问题。例如，用"实事求是"来说明马克思主义认识论，用"愚公移山"来激励中国人民顽强奋斗，用"知行观"来说明认识与实践的关系。在社会主义革命和建设时期，毛泽东同志指出，"艺术离不了人民的习惯、感情以至语言，离不了民族的历史发展"。我们党坚持百花齐放、百家争鸣的"双百"方针，对中华优秀传统文化中的哲学、历史、文学、艺术等进行了系统整理与研究。在改革开放和社会主义现代化建设新时期，我们党继续推进马克思主义基本原理同中华优秀传统文化相结合。例如，邓小平同志用"小康"这一具有浓厚中华文化底蕴的概念来指代"中国式的现代化"，提出到 20 世纪末"在中国建立一个小康社会。这个小康社会，叫做中国式的现代化"。

"第二个结合"是新时代中华民族现代文明建设奋进历程的实践写照。党的十八大以来，以习近平同志为核心的党中央在领导党和人民推进治国理政的实践中，不断深化对文化建设的规律性认识，不断开创马克思主义基本原理同中华优秀传统文化相结合的新境界。在治国理念方面，习近平总书记指出，在几千年的历史演进中，中华民族创造了灿烂的古代文明，形成了关于国家制度和国家治理的丰富思想，包括大道之行、天下为公的大同理想，六合同风、四海一家的大一统传统，德主刑辅、以德化人的德治主张，民贵君轻、政在养民的民本思想，等贵贱均贫富、损有余补不足的平等观念，法不阿贵、绳不挠曲的正义追求，孝悌忠信、礼义廉耻的道德操守，任人唯贤、选贤与能的用人标准，周虽旧邦、其命维新的改革精神，亲仁善邻、协和万邦的外交之道，以和为贵、好战必亡的和平理念，等等。这些思想中的精华，是中华优秀传统文化的重要组成部分。在道德修养方面，强调"己所不欲，勿施于人""与人为善""以己度人""推己及人"，要恪守"良知"，做到"俯仰无愧"；强调人要"止于至善"，倡导"兼善天下""利济苍生""修身齐家治国平天下""见贤思齐焉，见不贤而内自省也"，做君子、成圣贤。在行为方式方面，以"慎易以避难，敬细以远大"强调做事不弃微末，精益求精；以"吾生也有涯，而知也无涯"强调博采知识精华，畅游知识海洋。这些重要观点是新时代"第二个结合"生动实践的经验总结，体现了对马克思主义基本原理同中华优秀传统文化高度契合性的深刻把握，体现了运用中华优秀传统文化中凝结的哲学思想、人文精神、道德理念来明是非、辨善恶、知廉耻的实践自觉，不断夯实着马克思主义中国化时代化的历史基础和群众基础，让马克思主义真理之树根深叶茂。

"第二个结合"是新的历史起点上推进中华民族现代文明建设实践的科学指引

积极推进马克思主义与中华优秀传统文化的核心思想理念相结合。中华民族和中国人民在修齐治平、尊时守位、知常达变、开物成务、建功立业的过程中形成了革故鼎新、与时俱进，脚踏实地、实事求是，惠民利民、安民富民，道法自然、天人合一等一系列基本思想理念，为我们认识世界、改造世界提供了有益启迪，为改革发展稳定、内政外交国防、治党治国治军提供了有益借鉴。在建设中华民族现代文明的伟大进程中推进马克思主义基本原理同中华优秀传统文化相结合，应大力弘扬中华优秀传统文化中的讲仁爱、重民本、守诚信、崇正义、尚和合、求大同等核心思想理念。传承弘扬讲仁爱的理念，守望相助、扶危济困；传承弘扬重民本的理念，始终把人民放在心中最高的位置；传承弘扬守诚信的理念，言必信、行必果；传承弘扬崇正义的理念，努力让人民群众切实感受到公平正义就在身边；传承弘扬尚和合的理念，推动人与人、人与社会、人与自然以及人的自我身心的和谐；传承弘扬求大同的理念，致力于推动构建人类命运共同体。我们应深入挖掘中华优秀传统文化核心思想理念的时代价值，不断赋予其新的时代内涵与现代表达形式，使中华优秀传统文化的核心思想理念与中华民族现代文明相适应、与推进中国式现代化相协调。

积极推进马克思主义与中华传统美德相结合。习近平总书记指出："中华传统美德是中华文化精髓，蕴含着丰富的思想道德资源。"中华优秀传统文化蕴含的天下兴亡、匹夫有责的担当意识，精忠报国、振兴中华的爱国情怀，崇德向善、见贤思齐的社会风尚，孝悌忠信、礼义廉耻的荣辱观念等道德理念与规范，体现着评判是非曲直的价值标准，潜移默化地影响着中国人的行为方式。在建设中华民族现代文明的伟大进程中推进马克思主义基本原理同中华优秀传统文化相结合，应大力弘扬自强不息、敬业乐群、扶危济困、见义勇为、孝老爱亲等中华传统美德，充分发掘文化经典、历史遗存、文物古迹承载的丰厚道德资源，弘扬古圣先贤、民族英雄、志士仁人的嘉言懿行，坚持在继承传统中创新发展，积极推动中华优秀传统文化创造性转化、创新性发展，使之与现代文化、现实生活相融相通，成为全体人民精神生活、道德实践的鲜明标识，不断增强道德建设的时代性实效性。

积极推进马克思主义与中华人文精神相结合。习近平总书记指出："国家之魂，文以化之，文以铸之。"中华优秀传统文化积淀着求同存异、和而不同的处世方法，文以载道、以文化人的教化思想，形神兼备、情景交融的美学追求，俭约自守、中和泰和的生活理念等多样、珍贵的精神财富，是中国人民思想观念、风俗习惯、生活方式、情感样式的集中表达，滋养了独特丰富的文学艺术、科学技术、人文学术，至今仍然具有深刻影响。在建设中华民族现代文明的伟大进程中推进马克思主义基本原理同中华优秀传统文化相结合，应大力弘扬中华人文精神，深入阐发其文化精髓，着力构建有中国底蕴、中国特色的思想体系、学术体系和话语体系；倡导中华美学精神，善于把中华优秀传统文化的有益思想、艺术价值与时代特点和要求相结合，在传承中华优秀传统文化中推进文化创新，产出传承中华人文精神、具有大众亲和力的优质文化产品，推动美学、美德、美文相结合，大力彰显中华文化魅力，赓续历史文脉、谱写当代华章。

（《中国社会科学报》2023 年 06 月 07 日第 01 版）

学术圆桌

马克思主义同中华优秀传统文化
相结合的百年实践

欧阳军喜

习近平总书记在庆祝中国共产党成立 100 周年大会上指出，中国共产党必须坚持两个"相结合"，即"把马克思主义基本原理同中国具体实际相结合、同中华优秀传统文化相结合"。坚持马克思主义同中华优秀传统文化相结合，既是对中国共产党百年历史经验的总结，也是当下和未来处理马克思主义与中华优秀传统文化关系的基本原则。从历史的角度看，中国共产党把马克思主义同中华优秀传统文化相结合，有一个从自发到自觉、从应用到创造的过程。不同时期中国共产党面临的主要任务和现实问题，党情、国情和世情的变化，推动中国共产党对这一问题的认识不断深化。

马克思主义同中华优秀传统文化相结合的初步实践

1848 年马克思、恩格斯发表《共产党宣言》之时，中国正值鸦片战争结束不久。在之后的半个世纪中，中国人对马克思主义并未加以特别关注。马克思主义在中国真正得到广泛传播，是在第一次世界大战和俄国十月革命之后。第一次世界大战"使欧洲文明之权威大生疑念。欧洲人自己亦对于其文明之真价不得不加以反省"。此外，鸦片战争以后中国在历次对外战争中的失败，似乎证明了中国传统文化无力应对西方的挑战，中国迫切需要寻找一种"新文化"来抵抗西方侵略，马克思主义就在新文化运动的大潮中传入中国。早期马克思主义者，延续了新文化运动对中国传统文化的批判。1923年，已经成为中国共产党理论刊物的《新青年》宣布，中国无产阶级将"继续旧时《新青年》之中国'思想革命'的事业，行彻底的坚决斗争，以颠覆一切旧思想，引导实际行动，帮助实际行动，以解放中国，解放全人类"。这一态度显然符合马克思主义关于共产主义革命的设想。马克思、恩格斯指出，共产主义革命"在自己的发展进程中要同传统的观念实行最彻底的决裂"。早期中国共产党人，同样是从"革命"的角度看待传统文化的。在张太雷看来，"凡成为一个革命运动，必是能脱离一切旧的因袭的社会观念"，"只有把青年的一切旧思想和迷信打破了，才能把我们的主义灌注给他们，使他们到革命的旗子下来"。因此，任何试图保守

学术圆桌

传统文化，阻止传统文化进步的趋向，都是"反革命的"。

早期中国共产党人虽然强调"解放全人类"和"颠覆一切旧思想"，但绝不是要"打破国家"和"推翻本国文化"。中国共产党自成立之日起，就致力于实现中华民族的独立、自由和解放，具有鲜明的民族性。我们党所反对的，只是落后的、反科学的旧文化。文化并不是凭空产生的，而是"由社会生活而产生"。中西社会生活不同，因此中西文化也互异。"欧美文化是工业资本主义社会的文化，中国文化是农业封建社会的文化"。正因如此，中国既要反对帝国主义的文化侵略，又要学习西方的先进文化；中国既要固守自己的民族性，但也不能盲目地赞美中国的固有文化。我们党强调，中国文化有其存在的价值，针对国家主义派的攻击，萧楚女指出："我们共产党除了叫劳动者反抗掠夺自己的资本家，除了反对男人压迫女人，反对寡妇守节，我们何尝推翻本国文化——又何尝有些什么本国文化让我们推翻过？"

可见，中国共产党在反对封建旧文化的同时，也高度重视中国传统文化的价值。事实上，早期中国共产党人大多受过良好的传统文化教育，具有较为深厚的旧学功底，体现出明显的双重文化特征。在接受马克思主义过程中，他们一方面用中国传统思想理解马克思主义，另一方面又用马克思主

学术圆桌

义阐释中国传统思想。1925 年底，郭沫若发表的《马克斯进文庙》一文，就体现了早期马克思主义人对马克思主义与中国传统文化关系的认知。郭沫若借孔子之口，表示儒家思想乃至中国的传统思想与马克思主义"不谋而合"；同时借马克思之口，表示两者"终竟是两样"。这表明，马克思主义与中国传统文化有相通互契之处，这是两者相结合的前提和基础。

中国共产党在成立之初，就提出马克思主义同中国具体实际相结合的思想。1921 年 6 月，张太雷在给共产国际的报告中表示，"无产阶级运动的国际主义任务，过去和将来都只有在把国际无产阶级政党的纲领和方法正确地运用于各国具体特点的基础之上才能实现"。1923 年，李达在文章中指出，中国共产党究竟应该怎样来进行政治运动，"这一点马克思在《共产党宣言》上并未为中国共产党筹划"，因此要"按照目前中国国情"，"定出一个政策来"。1926 年，蔡和森在给中山大学旅莫支部所作的党史报告中指出，"马克思主义列宁主义是世界各国共产党是一致的，但当应用到各国去，应用到实际上去才行的。要在自己的争斗中把列宁主义形成自己的理论的武器，即以马克思主义列宁主义的精神来定出适合客观情形的策略和组织才行"。

▶ 学术圆桌 ●

　　早期中国共产党人这种将马克思主义与中国具体实际相结合的意识是相当宝贵的。随着革命实践的推进，马克思主义同中华优秀传统文化相结合的进程开始了。但是，在大革命和土地革命战争期间，党内出现把马克思主义教条化，把共产国际经验神圣化的倾向。1930年，毛泽东同志提出"反对本本主义"的问题，强调"中国革命斗争的胜利要靠中国同志了解中国情况"。这是我们党第一次自觉地提出，必须反对把马克思主义教条化的倾向。总体来看，这一时期，我们党对于中国的历史状况和社会状况、中国革命的特点、中国革命的规律了解得还不够，对于马克思列宁主义的理论和中国革命的实践，还没有完整的、统一的认识。同时，对于把马克思主义同中华优秀传统文化相结合的关注还不够充分，这种情况到抗日战争全面爆发后，有了较大改变。

马克思主义同中华优秀传统文化相结合的理论自觉

　　随着抗日战争的爆发和抗日民族统一战线的建立，中国共产党重新思考民族矛盾与阶级矛盾、爱国主义与国际主义之间的关系，并对自身的民族特性有了更为深刻的认识，对马克思主义理论与中国革命实际均有了更加深入的理解，对

学术圆桌

继承优秀传统文化的重要性也有了更深一步的体认。这推动着党在继续强调马克思主义同中国革命具体实际相结合的同时，形成了马克思主义同中华优秀传统文化相结合的理论自觉。

面对日本侵略的步步深入，中国共产党自觉承担起领导抗日战争的历史重任，倡导并促成抗日民族统一战线的建立。1938年10月，毛泽东同志在六届六中全会上分析了党在民族解放战争中的地位，强调中国共产党人既是国际主义者，也是爱国主义者。中国共产党人必须将爱国主义和国际主义结合起来，爱国主义就是国际主义在民族解放战争中的实施。正是在这次会议上，毛泽东同志首次正式提出马克思主义中国化的命题，指出"共产党员是国际主义的马克思主义者，但马克思主义必须通过民族形式才能实现"，要求"把马克思主义应用到中国具体环境的具体斗争中去，而不是抽象地应用它"，强调"离开中国特点来谈马克思主义，只是抽象的空洞的马克思主义。因此，马克思主义的中国化，使之在其每一表现中带着中国的特性，即是说，按照中国的特点去应用它，成为全党亟待了解并亟须解决的问题"。这表明，我们党在把马克思主义同中国具体实际相结合的问题上有了新的认识，这就是必须重视"民族形式"和"中国特点"。

学术圆桌

对"民族形式"和"中国特点"的重视，必然要求把马克思主义同中华优秀传统文化结合起来。

马克思主义中国化命题的提出，在当时具有很强的针对性。一方面，是要纠正党内存在的主观主义和教条主义的错误倾向；另一方面，是为了回应当时反共势力把中国共产党与中华民族对立起来，提出中国共产党是"共产党至上"而非"中国至上"的荒谬论调。中国共产党是马克思主义政党，也是民族化的政党。1943 年 5 月，共产国际宣布解散。中国共产党认为，这一事件"使我们可以更正确地认识中国共产党，而切实消除过去一切关于它的误解和妄说。今天再没有人能够抹煞事实，不承认中国共产党是中国最民族化的政党了"。我们党明确宣布："中国共产党人是我们民族一切文化、思想、道德的最优秀传统的继承者，把这一切优秀传统看成和自己血肉相连的东西，而且将继续加以发扬光大。中国共产党近年来所进行的反主观主义、反宗派主义、反党八股的整风运动就是要使得马克思列宁主义这一革命科学更进一步地和中国革命实践、中国历史、中国文化深相结合起来。"这是党内文件中首次出现马克思主义同中国文化相结合的表述，表明把马克思主义同中华优秀传统文化相结合已经成为党内共识。

学术圆桌

　　中国文化是一个内容丰富的复合体。唯物史观强调，社会存在决定社会意识，一定的文化是一定社会的政治和经济在观念形态上的反映。要把马克思主义同中华优秀传统文化结合起来，就必须对中国文化加以具体分析。张闻天认为，中国存在"买办性的封建主义的文化"，"也有反抗统治者、压迫者、剥削者，拥护被统治者、被压迫者、被剥削者，拥护真理与进步的、民族的、民主的、科学的、大众的文化因素"。对于前者，"必须用全力扫除"；对于后者，"我们有从旧文化的仓库中发掘出来，加以接受、改造与发展的责任"。毛泽东同志则把中国文化分为帝国主义文化、半封建文化和人民大众反帝反封建文化，指出帝国主义文化和半封建文化是替帝国主义和封建阶级服务的，是应该被打倒的东西，认为"不把这种东西打倒，什么新文化都是建立不起来的。"对文化的具体分析，为马克思主义同中华优秀传统文化相结合提供了依据。

　　总体而言，抗日战争时期，中国共产党初步形成把马克思主义同中华优秀传统文化相结合的思想。这种"结合"既是"民族形式"的利用，也是马克思主义的应用和发展。毛泽东同志指出："中国共产主义者对于马克思主义在中国的应用也是这样，必须将马克思主义的普遍真理和中国革命的

学术圆桌

具体实践完全地恰当地统一起来，就是说，和民族的特点相结合，经过一定的民族形式，才有用处，决不能主观地公式地应用它。……中国文化应有自己的形式，这就是民族形式。民族的形式，新民主主义的内容——这就是我们今天的新文化。"

马克思主义同中华优秀传统文化相结合的理论探索意义重大，它既为抗日战争和随后的人民解放战争的胜利提供了精神动力，也为中华文化的复兴创造了思想条件。正如毛泽东同志所指出的："自从中国人学会了马克思列宁主义以后，中国人在精神上就由被动转入主动。从这时起，近代世界历史上那种看不起中国人，看不起中国文化的时代应当完结了。伟大的胜利的中国人民解放战争和人民大革命，已经复兴了并正在复兴着伟大的中国人民的文化。"

新中国成立后，中国共产党一如既往地强调马克思主义必须与中国具体实际相结合。特别是苏共二十大以后，中国共产党认识到，不能简单照搬苏联经验和马克思列宁主义的个别词句，而要把马克思主义与中国具体实际相结合。毛泽东同志指出，搞社会主义建设，马克思主义基本原理必须遵守，但"单靠老祖宗是不行的"，还要"创造新的理论"。邓小平同志强调，"要按照中国的情况写中国的文章"。马克思主义同中华优秀传统文化相结合问题的再次强调，是在党的十二大后。邓小平同志在十二大开幕词中指出："把马克思主义的普遍真理同我国的具体实际结合起来，走自己的道路，建设有中国特色的社会主义，这就是我们总结长期历史经验得出的基本结论。"之后，他多次重申，"马克思主义必须是同中国实际相结合的马克思主义，社会主义必须是切合中国实际的有中国特色的社会主义"。"中国特色社会主义"把"社会主义"与"中国特色"结合起来，强调普遍规律和民族特点的有机统一，从而为马克思主义与中华优秀传统文化相结合，提供了新的理论依据。正是在这一背景下，在20世纪80年代的"文化热"中，包括冯友兰、张岱年、汤一介等在内的一批学者，撰文讨论马克思主义与中华优秀传统文化相结合的必要性和可能性。不过，当时的讨论只限于学界内部，在党的正式文件中，并未出现相关表述。直至2001年7月1日，江泽民同志在庆祝中国共产党成立80周年大会上强调，毛泽东思想和邓小平理论"是中国化了的马克思主义，既体现了马克思列宁主义的基本原理，又包含了中华民族的优秀思想和中国共产党人的实践经验"。这实际上肯定了毛泽东思想和邓小平理论，既是马克思主义同中国具体实际相结合的产物，也是马克思主义同中华优秀传统文化相结合的产物。

学术圆桌

2011 年，党的十七届六中全会进一步提出"坚持中国特色社会主义文化发展道路"，强调"中国共产党从成立之日起，就既是中华优秀传统文化的忠实传承者和弘扬者，又是中国先进文化的积极倡导者和发展者"。中华优秀传统文化是发展社会主义先进文化的深厚基础，没有马克思主义同中华优秀传统文化相结合，就没有中国特色社会主义文化。

马克思主义同中华优秀传统文化相结合的新境界

中国特色社会主义进入新时代，中国共产党从中华民族伟大复兴战略全局和世界百年未有之大变局的高度，更加全面、深入地认识中华优秀传统文化的价值，把马克思主义同中华优秀传统文化相结合，推向一个新高度、新境界。

习近平总书记指出"中华文化积淀着中华民族最深沉的精神追求，是中华民族生生不息、发展壮大的丰厚滋养"，强调"没有高度的文化自信，没有文化的繁荣兴盛，就没有中华民族伟大复兴"。正因如此，习近平总书记特别重视对优秀传统文化的继承和弘扬。习近平总书记指出："中国共产党人不是历史虚无主义者，也不是文化虚无主义者。我们从来认为，马克思主义基本原理必须同中国具体实际紧密结合起来，应该科学对待民族传统文化，科学对待世界各国文化，用人类创造的一切优秀思想文化成果武装自己。在带领中国人民进行革命、建设、改革的长期历史实践中，中国共产党人始终是中国优秀传统文化的忠实继承者和弘扬者，从孔夫子到孙中山，我们都注意汲取其中积极的养分。"2018 年，习近平总书记在纪念马克思诞辰 200 周年大会上指出，科学社会主义基本原则不能丢，丢了就不是社会主义。同时，科学社会主义也绝不是一成不变的教条。"只有把科学社会主义基本原则同本国具体实际、历史文化传统、时代要求紧密结合起来，在实践中不断探索总结，才能把蓝图变为美好现实"。在这里，"历史文化传统"被单独提出，并与"本国具体实际"并列，马克思主义同中华优秀传统文化相结合的重要性得以凸显。在庆祝中国共产党成立 100 周年大会上的重要讲话中，习近平总书记正式把这一原则表述为，"把马克思主义基本原理同中国具体实际相结合、同中华优秀传统文化相结合"。这标志着马克思主义与中华优秀传统文化相结合，达到新高度。

"马克思主义同中华优秀传统文化相结合"的重要论断，具有两个方面的含义。一方面是用马克思主义激活中华优秀传统文化，推动中华优秀传统文化创造性转化和创新性发展。

学术圆桌

中华传统文化在其形成和发展过程中，不可避免会受到当时人们的认识水平、时代条件、社会制度的制约和影响，因而也不可避免地存在陈旧过时或已成为糟粕性的东西。这就需要运用马克思主义的立场、观点和方法区分和对待传统文化，坚持古为今用、推陈出新的原则，实现马克思主义与优秀传统文化相融相通。在几千年的历史演进中，中华民族创造了灿烂的古代文明，形成了关于国家制度和国家治理的丰富思想，包括大同理想、大一统传统、民本思想、平等观念等，这些思想中的精华是中华优秀传统文化的重要组成部分，也是中华民族精神的重要内容。习近平总书记指出："马克思主义传入中国后，科学社会主义的主张受到中国人民热烈欢迎，并最终扎根中国大地、开花结果，决不是偶然的，而是同我国传承了几千年的优秀历史文化和广大人民日用而不觉的价值观念融通的。"

"马克思主义同中华优秀传统文化相结合"，另一方面的含义是，充分吸收中华优秀传统文化的丰厚滋养，发展当代中国马克思主义、二十一世纪马克思主义。马克思主义同中华优秀传统文化相结合的过程，既是中国共产党在革命实践中继承弘扬中华优秀传统文化的过程，也是中国共产党运用马克思主义原理解决中国实际问题、更加自觉引领时代变革、

学术圆桌

开展理论探索创新的过程，其最终目的，不是传统文化"民族形式"的利用，而是"民族内容"的马克思主义化和马克思主义"民族内容"的创造，也就是为发展马克思主义作出中国的原创性贡献。这是新时代中国共产党人的文化自信和理论自觉，也是新时代中国共产党人的历史担当。

（《历史研究》2021 年第 6 期）

马克思主义基本原理同中华优秀传统文化相结合的重大意义

董学文

习近平总书记在党的二十大报告中指出:"中国共产党人深刻认识到,只有把马克思主义基本原理同中国具体实际相结合、同中华优秀传统文化相结合,坚持运用辩证唯物主义和历史唯物主义,才能正确回答时代和实践提出的重大问题,才能始终保持马克思主义的蓬勃生机和旺盛活力。"这是习近平总书记在庆祝中国共产党成立100周年大会上的重要讲话、在省部级主要领导干部"学习习近平总书记重要讲话精神,迎接党的二十大"专题研讨班上的重要讲话中,两次论及"坚持马克思主义基本原理同中国具体实际相结合、同中华优秀传统文化相结合"之后,再一次阐释"两个结合"这一重大命题。"两个结合"的思想以其宽广的理论视野、深邃的历史思考和生动的社会实践,深化了对形成习近平新时代中国特色社会主义思想的途径和原因的理解,深化了对推进马克思主义中国化时代化规律性的认识。

学术圆桌

关于马克思主义基本原理同中国具体实际相结合的论述，学界已有持续多年的研究成果。在这里集中探讨马克思主义基本原理同中华优秀传统文化相结合的几个相关问题。这其中尤以如何正确认识马克思主义基本原理同中华优秀传统文化之间的关系最为关键，因为这是推进马克思主义中国化时代化、处理好当前我国社会主义意识形态建设不能绕过的重大课题。马克思主义基本原理怎样更好地同中华优秀传统文化结合，不仅关乎马克思主义在中国的历史命运，而且关乎中华优秀传统文化的兴衰隆替。

马克思主义基本原理同
中华优秀传统文化何以能够结合

马克思主义基本原理同中华优秀传统文化何以能够结合，是我们遇到的头一个问题。为什么说是"头一个问题"呢？原因是在理论界实际上存在两种截然相反的意见：一种意见认为"马克思主义基本原理"同"中华优秀传统文化"是完全对立的两种文化观念，是不可能彼此"结合"的；另一种意见则认为"马克思主义基本原理"同"中华优秀传统文化"之间是完全相通、相融、相一致的，二者的"结合"

学术圆桌

没有任何困难与障碍。这两种看法表面上相抵牾，实际上提出的都是马克思主义基本原理同中华优秀传统文化"能否"结合与"如何"结合的问题。

"结合"一词的本意，是指人或事物之间密切联系。"结合"不是"混合"，不是"掺和"，不是"契合"。马克思主义基本原理与中华优秀传统文化相结合中的"结合"，与马克思主义基本原理同中国具体实际相结合中的"结合"，是在同一个语义、同一个层次上使用的。这里的"结合"，不应夹杂任何"密切联系"以外的成分。

众所周知，"世界是由矛盾组成的。没有矛盾就没有世界。""一切运动都在于吸引和排斥的相互作用。……宇宙中的每一个吸引运动，都必定由一个相等的排斥运动来补充，反过来也是这样。"我们的任务是正确处理这些矛盾，正确处理这些矛盾双方的关系。而事物"规律就是关系"，就是"本质的关系或本质之间的关系"。所以，我们研究马克思主义基本原理同中华优秀传统文化相结合，就要从研究二者之间的矛盾关系入手。这是由事物运动的规律所决定的。事物之间的关系，说到底就是矛盾双方既对立又统一的关系。"两个相互矛盾方面的共存、斗争以及融合成一个新范畴，就是辩证运动。谁要给自己提出消除坏的方面的问题，就是立即切断了辩证运动。"从辩证法来说，"它研究对立面怎样才能够同一，是怎样（怎样成为）同一的——在什么条件下它们是相互转化而同一的"。辩证法是关于普遍联系的科学，它认为每个事物都是和其他每个事物联系着的。"每种现象的一切方面（而且历史在不断地揭示出新的方面）相互依存，极其密切而不可分割地联系在一起，这种联系形成统一的、有规律的世界运动过程。"事物之间不仅是对立面的统一，而且是向他者的过渡。我们不能局限在表面现象，因为"普通的表象抓到的是差别和矛盾，但不是一个向另一个的过渡，而这却是最重要的东西"。这就从学理上，说明了对待马克思主义基本原理同中华优秀传统文化的结合，采取简单的"拒绝"或简单的"合并"态度，都是欠妥当的。

既然对立面的事物要通过相互转化才能够同一，那么，促进相联系事物的转化就是重要的任务。中华优秀传统文化为何能够同马克思主义基本原理发生联系，马克思1845年的一段话可以给我们启示："凡是民族作为民族所做的事情，都是他们为人类社会而做的事情，他们的全部价值仅仅在于：每个民族都为其他民族完成了人类从中经历了自己发展的一个主要的使命（主要的方面）。"也就是说，在历史唯物主义视域中，每个民族所做的贡献，都具有世界的意义；每个民族的经历（包括文化经历），都蕴含在人类发展的逻辑之内。这种犀利的眼光与认识，无疑使我们能清楚地判断出中华民族及其优秀传统文化，对人类所具有的真正价值。马克思主义作为学说，考察的就是人类社会发展规律，倘若它同中华优秀传统文化结合起来，那就为揭示这两种文化的"转化"、揭示一个向另一个的"过渡"这"最重要的东西"，创造了可能和条件。

自然界包括人类社会的所有过程，都处在一种系统的联系中。正是这种认识，推动着科学从个别到整体、从浅层到深层的发展。当然，对这种系统联系做出恰当、完整、科学的陈述，是相当困难的事情。因为这里隐含一个矛盾，即一方面要毫无遗漏地从所有的联系中去认识这个系统，另一方面无论是从人的本性或世界体系的本性来说，这个任务又是不可能完全解决的。不过，虽说这是个矛盾，但它的价值在于它"是所有智力进步的主要杠杆"。也就是说，它的矛盾性不是一种阻碍，而是"智力进步"的一种动力。这个矛盾在人类的无限的发展中，会一天天不断地得到解决，社会也就一天天不断地取得进步。这就等于说，马克思主义基本原理同中华优秀传统文化之间是有内在联系的，它们之间是存在结合的可能性的。尽管马克思主义基本原理同中华优秀传

学术圆桌

统文化的结合，是一个矛盾运动的过程，但这个矛盾运动，却是推动马克思主义中国化时代化、推动中华优秀传统文化传承发展的重要动能和杠杆。这种矛盾学说堵塞了教条主义，堵塞了虚无主义，为文化、理论、科学开辟未来发展之路提供了辩证思维。

不论是把马克思主义基本原理同中国具体实际相结合，还是把马克思主义基本原理同中华优秀传统文化相结合，其目的都是探寻真理、指导实践，都是发展马克思主义、弘扬中华优秀传统文化精神。但这个相互"结合"的过程，不会是一蹴而就的，而是要经过"实践、认识、再实践、再认识"的循环往复。"真理是在认识过程本身中，在科学的长期的历史发展中"。实现马克思主义基本原理同中华优秀传统文化的结合，需要一个转化的过程，不会也不可能是在一次性的实践中得以完成的。所以要紧的是，我们要学会如何按照马克思主义立场观点方法，从中华优秀传统文化中，开掘出对当下和今后建设中国特色社会主义事业有用的东西。如果能做到这一点，那么马克思主义基本原理同中华优秀传统文化的结合，就是前途无限的。在批判、吸收、转化传统文化方面，马克思主义创始人是我们学习的榜样。恩格斯说过："马克思和我，可以说是唯一把自觉的辩证法从德国唯心主义哲学中拯救出来并运用于唯物主义的自然观和历史观的人。"这里使用的是"拯救"一词,是"运用"一词,讲的是唯心主义的"自觉的辩证法",被他们改造成彻底"唯物主义的自然观和历史观"。这就是马克思主义创始人对优秀传统文化科学的批判继承,这就是习近平总书记所说的"创造性转化和创新性发展"。在这方面,我们同样有理由说,中国共产党人是把本民族精粹哲学思想和杰出观念,从优秀传统文化中提取出来并运用于无产阶级革命实践的典范。

马克思主义基本原理同
中华优秀传统文化结合的途径

解决了马克思主义基本原理同中华优秀传统文化可以"结合"的问题后,接下来要讨论这种"结合",究竟应该采取何种方法与途径。马克思主义基本原理同中华优秀传统文化的"结合",并不是轻而易举的事,也不是随随便便、怎么都行的事。这种"结合"的实现,需要一定条件。我们在讨论马克思主义基本原理同中华优秀传统文化"结合"的方法与途径前,首先要厘清二者"结合"的条件。因为只有满足这些条件,二者的"结合"才是积极的、有效的;不能满

学术圆桌

足这些条件，二者的"结合"注定是消极的、无益的。

那么，这个"结合"的条件到底是什么？我认为，简略地说就两点，一是要相信马克思主义基本原理的科学性，这是"结合"的逻辑前提。如果不认为马克思主义基本原理是科学的，那么"结合"就没有意义了。二是要遵循和运用"两种民族文化"学说。所谓"两种民族文化"学说，是指列宁在《关于民族问题的批评意见》中所说的："每一个现代民族中，都有两个民族。每一种民族文化中，都有两种民族文化。""每个民族文化，都有一些民主主义的和社会主义的即使是不发达的文化成分，因为每个民族都有被剥削劳动群众，他们的生活条件必然会产生民主主义的和社会主义的意识形态。"列宁还举例说，譬如俄国有普利什凯维奇、古契柯夫和司徒卢威之流的大俄罗斯文化，但也有一种以车尔尼雪夫斯基和普列汉诺夫的名字为代表的大俄罗斯文化。也就是说，每个民族文化中都有"精华"和"糟粕"两种成分。我们只有坚持"两种民族文化"理论，才能在马克思主义中国化时代化的过程中分清传统文化中的"优"和"劣"，才能发现文化遗产中那些"没有成为过去而是属于未来的东西"，才能自觉地同传统文化中的"优秀"部分结合起来，而不至于陷入同落后、腐朽东西相融合的泥淖。习近平总书记指出"传

▐ 学术圆桌 ●

承中华文化,绝不是简单复古,也不是盲目排外,而是古为今用、洋为中用,辩证取舍、推陈出新,摈弃消极因素,继承积极思想,'以古人之规矩,开自己之生面'",强调"要结合新的时代条件传承和弘扬中华优秀传统文化"。这些原则,是满足马克思主义基本原理同中华优秀传统文化结合条件的关节点。

在马克思主义发展史上,如何对待本民族优秀传统文化,是有一个演化过程的。马克思是批判继承本民族优秀传统文化的高手,是他把黑格尔颠倒的辩证法重新颠倒过来,并公开承认自己"是这位大思想家的学生"。在文化继承理论上,马克思有个观点,即认为"被曲解了的形式正好是普遍的形式,并且在社会的一定发展阶段上是适于普遍应用的形式"。他举例说,"路易十四时期的法国剧作家从理论上构想的那种三一律,是建立在对希腊戏剧(及其解释者亚里士多德)的曲解上的";但另一方面这些法国剧作家却"正是依照他们自己艺术的需要来理解希腊人的"。在马克思看来,继承的过程是一定会发生的,而这个过程也一定会发生原意改变("曲解")的。所谓"被曲解了的形式",实际上是适应现实需要所产生的形式,它的普遍意义则由在社会发展阶段上的适用性所决定。这种辩证认识,无疑给了我们以方法论的启示。

学术圆桌

中国共产党历来是以历史唯物主义立场观点方法看待中华民族历史，继承和弘扬中华优秀传统文化的。早在1938年，毛泽东同志就说过："我们这个民族有数千年的历史，有它的特点，有它的许多珍贵品。对于这些，我们还是小学生。今天的中国是历史的中国的一个发展；我们是马克思主义的历史主义者，我们不应当割断历史。从孔夫子到孙中山，我们应当给以总结，承继这一份珍贵的遗产。这对于指导当前的伟大的运动，是有重要的帮助的。"毛泽东同志指出"马克思主义必须和我国的具体特点相结合并通过一定的民族形式才能实现"，强调"离开中国特点来谈马克思主义，只是抽象的空洞的马克思主义"。马克思主义要想"在中国具体化"，就应使它在其每一个表现中"带着必须有的中国的特性"。不难发现，他这里所说的"我国的具体特点"，当然包括中华优秀传统文化的特点；所说的"一定的民族形式"，当然包括中华优秀传统文化的形式；所说的马克思主义"在中国具体化"，当然包括它必须体现出"中国的特性"，或者说体现出"中国作风和中国气派"。毛泽东同志一贯强调，中国文化应有自己的形式，这就是民族形式。马克思主义的普遍真理只有"和民族的特点相结合，经过一定的民族形式，才有用处"。我们只有"在各方面作出合乎中国需要的理论性的创造，才叫做理论和实际相联系"。这些论述是从深刻的经验教训中总结出来的，是马克思主义中国化时代化过程中文化自信的反映，揭示了马克思主义基本原理同中华优秀传统文化相结合的逻辑合理性与历史必然性。

习近平总书记在阐述马克思主义基本原理同中华优秀传统文化相结合的途径时，对马克思主义文化理论作出更多的拓展和创新。习近平总书记指出："党的十八大以来，我反复强调，要尊崇历史、研究历史，确立历史思维，传承中华优秀传统文化。"这表现出强烈的历史意识和文化意识。习近平总书记指出"中华优秀传统文化是中华民族的精神命脉，是涵养社会主义核心价值观的重要源泉，也是我们在世界文化激荡中站稳脚跟的坚实根基"，提出"优秀传统文化是一个国家、一个民族传承和发展的根本，如果丢掉了，就割断了精神命脉"，强调"包括儒家思想在内的中国优秀传统文化中蕴藏着解决当代人类面临的难题的重要启示"。习近平总书记始终主张，中华文明延续着我们国家和民族的精神血脉，既需要薪火相传、代代守护，也需要与时俱进、推陈出新。"对中华传统文化，不能一概否定，要坚持古为今用、推陈出新，继承和弘扬其中的优秀成分"，"要加强对中华优秀传统文化的挖掘和阐发，使中华民族最基本的文化基因与当代文化相

学术圆桌

适应、与现代社会相协调"。习近平总书记提出"弘扬中华优秀传统文化，要处理好继承和创造性发展的关系，重点做好创造性转化和创新性发展"，强调"要推动中华文明创造性转化、创新性发展，激活其生命力"。"与当代文化相适应、与现代社会相协调""创造性转化和创新性发展"的提法，无疑把马克思主义中国化时代化提升至新境界，给马克思主义基本原理同中华优秀传统文化的结合找到新路径。

"创造性转化和创新性发展"作为方法的意义，在于其赋予了中华优秀传统文化以新的时代内涵和现代表达形式。习近平总书记是这样解释的："创造性转化，就是要按照时代特点和要求，对那些至今仍有借鉴价值的内涵和陈旧的表现形式加以改造，赋予其新的时代内涵和现代表达形式"；"创新性发展，就是要按照时代的新进步新进展，对中华优秀传统文化的内涵加以补充、拓展、完善，增强其影响力和感召力"。无论"转化"还是"发展"，从辩证法上讲，都是一种新的"阐释"。不过，正如有学者所说的那样，这种"阐释不是停留在古代文本的表面意义上，或停留在作者的原意上，而是建构性地把古代文化中原有语句或命题解释为另一种积极意义，扩大了原语句的意义及其适用范围，以适合当代的需要"。不忘本来才能开辟未来，善于继承才能更好创新。习近平总书记主张对传统文化"要坚持古为今用、推陈出新，有鉴别地加以对待，有扬弃地予以继承"，强调"要本着科学的态度，继承和弘扬中华优秀传统文化，努力用中华民族创造的一切精神财富来以文化人、以文育人"。如此看来，推动中华文明"创造性转化"和"创新性发展"，恰是打开对传统文化实现批判、继承、发展统一之门的金钥匙，是对实践马克思主义基本原理同中华优秀传统文化相结合途径给出的新答案。

马克思主义基本原理同
中华优秀传统文化相结合的功能

把马克思主义基本原理同源远流长的中华优秀传统文化联系起来，是一件具有战略眼光的事情。这两种不同文化的"结合"，不仅有助于抵制将马克思主义看成教条而非当作行动指南的思想，而且有助于为形成和发展具有中国特色、中国风格、中国气派的马克思主义指明方向、增添力量。

在党的十九届六中全会第二次全体会议上，习近平总书记指出，我们党"成功走出了中国式现代化道路，创造了人类文明新形态。这些前无古人的创举，破解了人类社会发展

学术圆桌

的诸多难题，摈弃了西方以资本为中心的现代化、两极分化的现代化、物质主义膨胀的现代化、对外扩张掠夺的现代化老路，拓展了发展中国家走向现代化的途径，为人类对更好社会制度的探索提供了中国方案"。面对这个判断和概括，我们不能不深入思考这样一些问题：我们为什么能成功推进和拓展"中国式现代化道路"？为什么会创造出有别于其他国家的"人类文明新形态"？为什么我们能为世界提供社会制度探索的"中国方案"？这里的原因固然有很多，但我们党努力实现马克思主义基本原理同中华优秀传统文化相结合，无疑是其中一条带有根本性质的原因。因为推动马克思主义之"魂"与中华优秀传统文化、革命文化和社会主义文化更好地融合，是摆脱西方路径依赖、走好自己发展道路的最佳选择。

无疑，文化是有民族性的。创建一种新的文明和文化形态，是不可能脱离本民族的文化基因和文化传统的，不可能不从优秀传统文化资源中寻找灵感和思路的。这是文化发展的辩证法。习近平总书记指出"现代化道路并没有固定模式，适合自己的才是最好的，不能削足适履"，要求"我们建设的现代化必须是具有中国特色、符合中国实际的"，强调"必须坚持以中国式现代化推进中华民族伟大复兴"。这揭示了

学术圆桌

马克思主义基本原理同中华优秀传统文化相结合的必要性，揭示了马克思主义基本原理同中华优秀传统文化相结合是走出"中国式现代化道路"、创造"人类文明新形态"的文化支撑。

中华优秀传统文化同马克思主义相结合的功能，还在于"我们生而为中国人，最根本的是我们有中国人的独特精神世界，有百姓日用而不觉的价值观。我们提倡的社会主义核心价值观，就充分体现了对中华优秀传统文化的传承和升华"。习近平总书记主张，"把跨越时空、超越国度、富有永恒魅力、具有当代价值的文化精神弘扬起来，把继承传统优秀文化又弘扬时代精神、立足本国又面向世界的当代中国文化创新成果传播出去"。这就为我们加强和提高对中华优秀传统文化功能的认识，增添了信心。《中共中央关于党的百年奋斗重大成就和历史经验的决议》把坚持"两个结合"，推动马克思主义中国化时代化作为我们党坚持理论创新的一个根本点，并对文化自信是更基础、更广泛、更深厚的自信，没有高度文化自信、没有文化繁荣兴盛就没有中华民族伟大复兴，在新的时代条件下要传承好弘扬好中华优秀传统文化作了进一步的阐述。习近平总书记动情地说："我反复强调，中华优秀传统文化是中华文明的智慧结晶和精华所在，是中

学术圆桌

华民族的根和魂，是我们在世界文化激荡中站稳脚跟的根基。"这是把推动中华优秀传统文化创造性转化和创新性发展，当作为民族复兴立根铸魂的一项伟业。

中华民族在长期社会实践中凝结成的中华优秀传统文化，蕴含着中华民族最深沉的精神追求，是中华民族生生不息的文化血脉，是中华民族几千年发展过程中形成的把握世界的特殊方式。它的神奇之处在于几千年从来没有中断过，有着很强的人民性和生命力，有着很强的历史穿透力和文化感染力。在长期的发展过程中，它锻造出内涵丰富、源远流长的民族精神，集中来讲就是伟大的奋斗精神、伟大的团结精神、伟大的梦想精神、伟大的创造精神。这些精神成为中国人认识世界、改造世界、维系民族团结、推动社会进步的磅礴伟力，成为抵御外敌、捍卫统一、反对分裂、维护民族尊严的精神柱石。中华优秀传统文化的表现形式当然不是一成不变的，而是随着时代、随着人们追求的改变而改变。在继往开来的征程中，它一直汲取着新的智慧和营养，一直孕育着新的风貌和风范，一直更新着自己的表现形式。这是中华优秀传统文化经久不息、历久弥新、始终挺立于世界民族文化之林的秘密所在。正如习近平总书记所指出的："中华文明源远流长、博大精深，是中华民族独特的精神标识，是当

学术圆桌

代中国文化的根基，是维系全世界华人的精神纽带，也是中国文化创新的宝藏。……在漫长的历史进程中，中华民族以自强不息的决心和意志，筚路蓝缕，跋山涉水，走过了不同于世界其他文明体的发展历程。"

近代以来西方形成了一套文明理论，我们应当借鉴参照，但绝不能照抄照搬。"西方很多人习惯于把中国看作西方现代化理论视野中的近现代民族国家，没有从五千多年文明史的角度来看中国，这样就难以真正理解中国的过去、现在、未来。"因此，我们要深入挖掘中华优秀传统文化的思想观念、人文精神、道德规范，同时要突破其局限性，把中华优秀传统文化的底蕴同当代丰赡的社会生活融会，把中华优秀传统文化具有的现实价值和世界意义提炼出来，进行革命性改造，这才是马克思主义基本原理同中华优秀传统文化结合的要义和灵魂。

习近平总书记在党的二十大报告中指出："中华优秀传统文化源远流长、博大精深，是中华文明的智慧结晶，其中蕴含的天下为公、民为邦本、为政以德、革故鼎新、任人唯贤、天人合一、自强不息、厚德载物、讲信修睦、亲仁善邻等，是中国人民在长期生产活动中积累的宇宙观、天下观、社会观、道德观的重要体现，同科学社会主义价值观主张具

学术圆桌

有高度契合性。"这个提炼和概括具有重大意义。面对这个概括，我们同样会发现，它若要为当今现实服务，还是需要在唯物史观指引下，进行符合时代需求的创造性转化和创新性发展。我们一方面要使马克思主义深深扎根于中华优秀传统文化，不断增强人们对马克思主义的文化认同和心理认同；另一方面要使中华优秀传统文化通过改造上升到马克思主义的高度，形成崭新的中华新文明。在这一过程中，使马克思主义从"在中国的马克思主义"转化为"中国的马克思主义"，使中华优秀传统文化在马克思主义指引下同时代特征结合起来，这是历史交给我们的责任。

毋庸置疑，马克思主义基本原理同中华优秀传统文化相结合的目的，说到底就是要在批判继承前人的基础上，走出一条中国化时代化马克思主义文化之路，或者说走出一条中国特色社会主义文化之路。在这里，动机和效果是统一的。从历史上看，毛泽东同志当年清醒地提出"要分清创造性的马克思主义和教条式的马克思主义"，强调"要使中国革命丰富的实际马克思主义化"。这里的关键词是，"丰富的实际"和"马克思主义化"。如今，习近平总书记不仅提出"马克思主义基本原理同中国具体实际相结合"，而且提出"马克思主义基本原理同中国优秀传统文化相结合"。这后面一点，

| 学术圆桌 ●

套用毛泽东同志的说法，便可说成是"要使中华优秀的传统文化马克思主义化"。这一发展体现了习近平总书记从延续民族文化血脉中开拓前行之路的历史担当，体现了让中华优秀传统文化造福于中国人民和全人类的时代眼光。

马克思主义基本原理同
中华优秀传统文化相结合的内容与范围

马克思主义的学说系统，"不是教义，而是方法。它提供的不是现成的教条，而是进一步研究的出发点和供这种研究使用的方法"。这一原则告诉我们，马克思主义基本原理同中华优秀传统文化的结合，不是一个简单的"相加"或"相减"的过程，而是一个前者对后者"改造"的过程，包括吸收、转化、批判、扬弃、创新、发展、提升。前者是"改造"后者的武器和工具，后者是前者"改造"的对象和内容。我们常说的"马克思主义中国化时代化"，从某种意义上讲，就是在实践基础上马克思主义"改造"具体实际、"改造"优秀传统文化，而逐渐形成的理论形态。道理很简单，因为无产阶级文化不是从天上掉下来的，也不是那些自命为新文化的专家杜撰的，它是从人类知识的总和中产生的。所以，当

▌学术圆桌●

我们研究和探讨无产阶级文化的时候，就"应当明确地认识到，只有确切地了解人类全部发展过程所创造的文化，只有对这种文化加以改造，才能建设无产阶级的文化，没有这样的认识，我们就不能完成这项任务"。这种对全部文化要"确切地了解"并"加以改造"的思想，对我们认识马克思主义基本原理同中华优秀传统文化相结合是完全适用的。

中华传统文化源远流长，积淀着中华民族深厚的精神追求，代表着中华民族独特的精神标识，为中华民族生生不息、发展壮大提供了丰厚滋养。如果说中华传统文化是汪洋大海，那么中华优秀传统文化也是汪洋大海，包含着极为丰富的哲学思想、人文精神、教化理念和道德因素，不论过去还是现在，都有其不褪色的精神价值。我们务必"要努力从中华民族世世代代形成和积累的优秀传统文化中汲取营养和智慧"。譬如说，"朝闻道，夕死可矣"的追求真理精神，"乐而忘忧，不知老之将至""吾将上下而求索"的拼搏精神，"为天地立心，为生民立命，为往圣继绝学，为万世开太平"的担当精神，"天行健，君子以自强不息"的奋斗精神，"天下兴亡、匹夫有责"的爱国精神，"民惟邦本、本固邦宁"的民本精神等。这些理念和思想，同马克思主义结合起来，进行生命再造，实行创新转化，必将成为社会主义核心价值观的组成

学术圆桌

部分。

中华优秀传统文化有着诸多原创性。研究阐释其讲仁爱、重民本、守诚信、崇正义、尚和合、求大同的精神特质和发展形态，可以阐明中国道路的深厚文化底蕴。中华优秀传统文化为建立中国特色、中国风格、中国气派的文明研究学科体系、学术体系、话语体系，为人类文明新形态实践"提供有力理论支撑"。我们"要坚持守正创新，推动中华优秀传统文化同社会主义社会相适应，展示中华民族的独特精神标识，更好构筑中国精神、中国价值、中国力量"，营造传承中华优秀传统文化的浓厚社会氛围，"增强做中国人的志气、骨气、底气"。习近平总书记的这些重要论述，指明了马克思主义基本原理同中华优秀传统文化相结合的内容与方向。

新时代新征程上，我们具体需要从哪些方面推进马克思主义基本原理同中华优秀传统文化相结合呢？我认为至少可以从以下几个方面加以考虑：一是注意从中华优秀传统文化中开掘朴素的辩证法思想，这一思想与辩证唯物主义有某种暗合之处，是我们观察世界的法宝；二是注意从中华优秀传统文化中挖掘人民对于美好生活向往的思想和情感，这方面的文献资源很多、很动人；三是注意从中华优秀传统文化中挖掘人类命运共同体的理念，使体现"协和万邦""天下大同"

学术圆桌

的"和合"智慧焕发新的光芒；四是注意从中华优秀传统文化中挖掘"中国式现代化道路"的文化根基，彰显这条道路的独特性、深厚性和前沿性。毫无疑问，"中国式现代化道路"表现出的诸多特征，蕴含着中华优秀传统文化的基因密码。丰赡的中华优秀传统文化，有着浑厚的历史温度、炽热的现实热度和鲜明的未来刻度。我们要特别重视这些宝贵的文化遗产，把它的精华同马克思主义立场观点方法结合起来，坚定走自己道路的信心。

坚定文化自信，是事关国运兴衰、事关文化安全、事关民族精神独立性的大事情。历史和现实反复证明，一个国家、一个民族的强盛，总是与文化兴盛为伴的。一个国家、一个民族只有对自身文化理想、文化价值充满信心，对自身文化生命力、创造力充满信心，才能有坚持坚守的定力、奋起奋发的勇气、创新创造的活力。一个抛弃或背叛自己历史文化的民族，不仅不可能发展起来，而且注定是要上演一幕幕历史悲剧的。坚定文化自信，离不开对中华民族历史的认知。历史是一面镜子，从中我们能够更好地看清世界、参透生活、认识自己；历史也是一位智者，同历史对话，我们就能更好地认识过去、把握当下、面向未来。只有扎根于中华民族的历史和中华优秀的传统文化，我们才能接住地气、增加底气、灌注生气。只有深刻地把握博大精深的中华优秀传统文化，从中萃取精华、汲取能量，保持对其的敬畏之心，我们才能使构筑的中国精神、中国价值和中国力量更加强壮。

习近平总书记强调中华优秀传统文化是中华民族的突出优势，认为中华优秀传统文化的发展繁荣是中华民族伟大复兴的必要条件；并指出"中华优秀传统文化是我们最深厚的文化软实力，也是中国特色社会主义植根的文化沃土"，强调"增强做中国人的骨气和底气，让世界更好认识中国、了解中国，需要深入理解中华文明，从历史和现实、理论和实践相结合的角度深入阐释如何更好坚持中国道路、弘扬中国精神、凝聚中国力量"。在中国特色社会主义新时代的历史方位中，我们只有深入研究和传承弘扬中华优秀传统文化，在创造性转化和创新性发展中进一步实现马克思主义基本原理同中华优秀传统文化相结合，才能进一步推进马克思主义在中国的具体化，推进中国马克思主义深入人心、落地生根。

马克思主义基本原理同
中华优秀传统文化相结合的深远意义

在马克思主义基本原理同中国具体实际相结合中，"中

学术圆桌

国具体实际"本是包括"中国文化实际"在内的。如今，习近平总书记把中华优秀传统文化从"中国具体实际"中单独列出，把"一个结合"变成"两个结合"，这是对马克思主义理论尤其是文化理论的新创造，是对马克思主义中国化时代化认识的新突破，有着重大的现实意义和深远的理论意义。在党的二十大报告中，习近平总书记指出"坚持和发展马克思主义，必须同中华优秀传统文化相结合。只有植根本国、本民族历史文化沃土，马克思主义真理之树才能根深叶茂"，强调"我们必须坚定历史自信、文化自信，坚持古为今用、推陈出新，把马克思主义思想精髓同中华优秀传统文化精华贯通起来、同人民群众日用而不觉的共同价值观念融通起来，不断赋予科学理论鲜明的中国特色，不断夯实马克思主义中国化时代化的历史基础和群众基础，让马克思主义在中国牢牢扎根。"这阐明了马克思主义基本原理同中华优秀传统文化相结合的重大意义。

从宏观上说，把马克思主义基本原理同中华优秀传统文化相结合，是马克思主义中国化时代化的重要举措，是中国共产党领导能力强大的重要表现。理解把握马克思主义基本原理同中华优秀传统文化相结合的意义，可以大大提升我们对马克思主义中国化时代化成功之道的认识。多年的实践表

学术圆桌

明，我们党已经悟出一个道理，那就是要实现和推进马克思主义中国化时代化，就必须坚持把马克思主义基本原理同中华优秀传统文化相结合。这是马克思主义中国化时代化的必然要求，也是中华优秀传统文化重获新生的必然反映。不论哪个国家要运用马克思主义，都须穿起本民族的服装。中国共产党人在运用马克思主义基本原理解决中国革命、建设和改革重大理论与实践问题时，也必须穿起本民族的服装。而最合身、最得体的"本民族的服装"，就是凝结和集中体现五千多年中华文明精华的中华优秀传统文化。钱学森说过："社会主义中国要吸取传统中国文化中的精华以创建马克思主义为基础的现代中国文化！"把马克思主义基本原理同中华优秀传统文化结合起来，已是有识之士的共识。

历史的马车在拖着众多国家一路向西、跨越大西洋之后，如今正向着东方快速驶来。这一历史大势为中国走进世界舞台中心提供了条件，也给中华优秀传统文化重放光芒提供了机会。中华优秀传统文化已经成为东方文化的典型代表，成为中国人表达自己对社会、人生和世界发展看法的有别于西方的话语体系。中国人已经看清中华优秀文化与西方所谓"现代性"之间的差别，已经在文化自信中不再忧虑中华文化是否攀上了西方文明的快车。中国人现时最需要考虑的是

学术圆桌

中华优秀传统文化、革命文化、社会主义先进文化的当下价值，考虑中华优秀传统文化之所以优秀的属性和特质，考虑马克思主义基本原理同中华优秀传统文化相结合引领世界潮流的意义。

习近平总书记指出："实践告诉我们，中国共产党为什么能，中国特色社会主义为什么好，归根到底是马克思主义行，是中国化时代化的马克思主义行。"那么，怎样理解为什么"马克思主义行"、"中国化时代化的马克思主义行"呢？习近平总书记已经给出了答案：因为作为我们党的指导思想，不是一般的理论，而是"科学理论"；因为我们党对待马克思主义这一"科学理论"的态度和方法也是科学的，即与时俱进地实现了马克思主义"中国化时代化"，强调它同中国实际和中国文化的结合性。换句话讲，马克思主义之所以"行"，就在于它不断推进其中国化和时代化，并用以指导实践。这就揭示了"两个结合"与为什么说"马克思主义行"和"中国化时代化的马克思主义行"之间的关系。

中华优秀传统文化在马克思主义中国化时代化和中华民族伟大复兴进程中，发挥着无可替代的作用。马克思主义基本原理同中华优秀传统文化相结合，既是推进民族复兴的文化要求，也是推进中华优秀传统文化焕发青春活力的使命召唤。坚持马克思主义基本原理同中华优秀传统文化相结合的方针，突出了文化在社会进步中的作用，彰显了文化在马克思主义中国化时代化过程中的能量。中华优秀传统文化不是时过境迁的存在，它依然生动地活着，依然影响着历史的走向。事实是最好的老师，也是最好的证明。我们党能够带领中国人民跳出"现代化等同于西方化"的窠臼，成功走出一条中国式现代化道路，出色创造人类文明新形态，并使这条道路越走越宽广，关键的一点就在于它根植于中华优秀文化的沃土，使古老的中华文明在与马克思主义基本原理的结合中实现跨越式发展。显而易见，倘若没有中华五千多年的文明，那就没有什么中国特色；倘若不是存在中国特色，那就没有今天如此成功的中国特色社会主义道路。因此，我们要重视挖掘中华五千多年文明中的精华，把弘扬中华优秀传统文化同马克思主义立场观点方法更好地结合起来，坚定不移走中国特色社会主义道路，万不可丢掉传统、割断血脉，万不可走上历史虚无主义或文化虚无主义的歧途。

我们今天所走的中国特色社会主义道路，是与五千多年中华文明分不开的。中华优秀传统文化是中华民族的根和魂，用马克思主义真理的力量去激活中华优秀传统文化的生命力，是我们增强文化自信、实现文化复兴的根本途径。我们

学术圆桌

要加强对中华优秀传统文化的挖掘和阐发，但正如习近平总书记所强调的，这种挖掘和阐发"要使中华民族最基本的文化基因与当代文化相适应、与现代社会相协调"。如果不能"与当代文化相适应、与现代社会相协调"，那么它同马克思主义基本原理是结合不起来的，结合了也是没有意义的。举例而言，有学者指出，在我们已高度融入世界体系和现代格局的今天，伴随着乡土中国逐渐转变为城镇中国，传统文化及其载体渐次消失，更大的忧虑或许在于我们在什么意义上还是"中国人"，所以我们才要敬仰与传承中华优秀传统文化，而这也是中华民族伟大复兴的内在组成部分。这种意见表明，现实环境、时代语境是呼唤并要求中华民族优秀的文化基因跟当代文化和当代社会相协调、相适应的。这是中华优秀传统文化实现创造性转化和创新性发展的着力点，也是全面准确理解习近平新时代中国特色社会主义思想形成的时代背景、理论关联和实践依据的题中应有之义。

马克思主义基本原理同中华优秀传统文化相结合，既是马克思主义的一种发展，也是中华优秀传统文化的一种进步。这一经验是我们党从正反两方面的经验教训中总结出来的。这种发展是由社会内部的各种文化力量和趋势间的矛盾冲突造成的。表面上看，这种发展"似乎是在重复以往的阶段，但它是

学术圆桌

以另一种方式重复，是在更高的基础上重复（'否定的否定'），发展是按所谓螺旋式，而不是按直线式进行的"。这种发展观使我们看清了马克思主义基本原理同中华优秀传统文化相结合对当代中国马克思主义、二十一世纪马克思主义的推进。

马克思主义基本原理同中华优秀传统文化相结合的重大意义，还在于这种结合正确回答了"新时代坚持和发展什么样的中国特色社会主义、怎样坚持和发展中国特色社会主义，建设什么样的社会主义现代化强国、怎样建设社会主义现代化强国，建设什么样的长期执政的马克思主义政党、怎样建设长期执政的马克思主义政党等重大时代课题"。我们党的百年奋斗史就是依托实践守正创新，坚持马克思主义基本原理同中国具体实际、同中华优秀传统文化相结合的理论探索史；就是依托马克思主义基本原理，升华实践经验，消化和融通中华优秀传统文化的理论构建史。正如习近平总书记在党的二十大报告中强调的那样，只有把"两个结合"做好，坚持运用辩证唯物主义和历史唯物主义，我们"才能正确回答时代和实践提出的重大问题，才能始终保持马克思主义的蓬勃生机和旺盛活力"。

（《中国高校社会科学》2022 年第 6 期）

马克思主义基本原理同中华优秀
传统文化相结合的深层意蕴

雷永强

在"两个结合"中，尤其是坚持把"马克思主义基本原理"（以下简称"基本原理"）与"中华优秀传统文化"（以下简称"传统文化"）相结合的提出，是以马克思主义中国化的百年历程为历史前提、以新时代中国特色社会主义建设的发展需求为时代背景，实现了从"一个结合"到"两个结合"的历史性飞跃，为在新的历史征程上继续推进马克思主义中国化时代化指明了前进方向。在党的二十大上，习近平总书记再次强调坚持"两个结合"的时代价值。唯有坚持"基本原理"与"传统文化"相结合，才能因应历史新方位、时代新变化、实践新要求，用马克思主义之"矢"去射新时代中国之"的"，正确回答新时代中国之问。为此，系统探讨"基本原理"与"传统文化"相结合的历史进路、现实作用与时代价值，是深入理解与把握"两个结合"精神实质的关键所在。

"基本原理"与"传统文化"相结合的历史进路

"基本原理"与"传统文化"的结合，是对历代学人关于中西文化关系相关论述的批判与继承，是对历代马克思主义者关于马克思主义理论成果的坚持与创新，更是对历代中国共产党人关于马克思主义中国化实践经验的吸收与发展。回顾"基本原理"与"传统文化"相结合的历史进路，对于在新时代理解二者结合的深层内涵具有重要意义。

"基本原理"与"传统文化"的结合，在中西文化的碰撞中成为可能。中西文化关系始终是文化创新与发展的核心课题，"基本原理"与"传统文化"的结合，在本质上就是中西方文明成果的交流与会通。近代中国关于中西文化关系的讨论，在"中西体用"的范畴内，穷尽了所有逻辑上的可能性，为理解中西文化关系提供了历史经验，并对进一步寻找中西文化相结合的中国模式提出了新要求、新启示。

晚清以降，随着"西学东渐"，中西方文明在中国发生激烈碰撞，"中西体用"之辩应运而生。从总体上看，近代中国学者对于"中西体用"的认知大体可划分为三派。第一是强调"西体西用"，提倡全盘接受西方文明的"西化派"。基于对西方文明的赞赏，以及对"体""用"统一的追求，

学术圆桌

西化派认为西洋文明"乃是理想主义的，乃是精神的"，与西方近代比较起来，中国文化"也只有愧色"，若想改变近代中国的落后局面，"我们不得不全盘西洋化"。第二是强调"中体中用"，以传统国学为本位的"国粹派"。国粹派指出中国传统文化乃"国家特别之精神"，认为"是故国粹存则其国存，国粹亡则其国亡"，一味追求西化的"西化派"乃"幼稚之形而上学"，因此必须以"复兴古学"代替"全盘西化"。第三是强调"中体西用"或"西体中用"，融中西文化于一体的"调和派"。持"中体西用"观点者认为，守旧派"不知通"而维新派"不知本"，唯有"中学为内学，西学为外学"，方可化解近代中国之矛盾；持"西体中用"观点者则认为，西学之精华在于政治、经济和教育制度，而"中体西用"将"遗其体而求其用"，只有去除"中体西用"的片面性，中西关系之真理才能显露。

不可否认，在客观的民族形势和历史情境之下，"中西体用"之辩无疑是一个真命题，对这一问题的讨论，在很大程度上反映出中西文化之关系在近代中国的紧张状态。但是，通过对三种主要观点的梳理可以看出，在"中西体用"框架的局限下，近代中国知识分子未能成功找到处理中西文化关系问题的出路。一方面，"西体西用"与"中体中用"，都建

┃ 学术圆桌

立在中西方文化不可通约的基本立场之上，如果说"西化派"仅仅着眼于时代性维度而忽视本民族文化的重要作用，那么"国粹派"则仅仅注重民族性维度而拒绝新思想的汇入与融合，二者均是带有极端主义色彩的文化立场。另一方面，"中体西用"与"西体中用"，虽因其意识到中西文化的可通约性而具有一定的进步性，甚至在个别学者"西体中用"理论中，已初见马克思主义及其中国化问题的雏形，但二者的讨论仍因未超越"中西体用"这种非此即彼的思维桎梏而无疾而终。由此可见，关于中西文化之关系的讨论，不能囿于体用之间的中西分野，必须彻底超越"中西体用"的一元论窠臼，进而寻找适合中国国情的"中国模式"。而"中国模式"的实践探索，必然会对"基本原理"与"传统文化"的结合，提出新的时代要求。

"基本原理"与"传统文化"的结合，在救亡图存的革命中初步形成。在民族救亡图存的时代背景下，马克思主义理论以鲜明的实践性、科学性及人民性，成为中国的必然选择。随着中国共产党的成立，马克思主义理论的基本地位随之确立。在新民主主义革命时期，以毛泽东同志为主要代表的中国共产党人，承接"中西体用"之辩的历史经验，继续探索中西文化关系汇通的"中国模式"，对"基本原理"与"传

学术圆桌

统文化"的关系进行了初步探索。

一百年前，中国共产党为苦难中的中华民族带来了马克思主义真理曙光。面对漂洋过海而来的"基本原理"，我们既不能照抄照搬、教条主义地将马克思主义抽象化，也不能罔顾真理而经验主义地将马克思主义虚无化。毛泽东同志指出，发展"带着中国特性"的马克思主义是"全党亟待了解并亟须解决的问题"，强调"将马克思列宁主义的理论和中国革命的实践相结合"是全党实践探索的根本要求。以中国视角对"基本原理"进行解读与运用，把"基本原理"应用到"中国具体环境的具体斗争中去"，是马克思主义中国化命题的应有之义。通过把"基本原理"同具体实际相结合，我们党不仅带领中国人民取得了革命实践的伟大胜利，更是创造性地为构建"基本原理"与"传统文化"的有机关系，提供了思想基础和行动指南。

中华民族救亡图存的革命实践，在很大程度上唤醒了中国人民的民族意识，使得中华优秀传统文化的民族性进一步凸显。彼时，虽然"基本原理"与"传统文化"的有机结合，尚未被作为马克思主义中国化的基本原则明确提出，但对于"基本原理"与"传统文化"关系构建问题，中国共产党已给出初步回答。首先，不同于早期对传统文化的"一刀

学术圆桌

切"态度，我们党强调了尊重民族历史、传承优秀传统的重要性，强调了"传统文化"的现实意义。毛泽东同志指出，"尊重自己的历史"并"不是颂古非今"，为中华优秀传统这份"珍贵的遗产"正名，是争取民族独立、唤醒民族意识的重要前提。其次，我们党对本民族传统文化的批判性继承，提出了明确要求。毛泽东同志深刻地认识到，对于"从孔夫子到孙中山"的历史文化，不能"无批判地兼收并蓄"，必须在辩证扬弃的立场上，"剔除其封建性的糟粕，吸收其民主性的精华"，只有拂去历史的积尘，才能在中华传统文化的宝箱中，发掘"珍贵品"、掩埋"瑕疵品"。最后，我们党在正确处理中外文化关系的基础上，进一步探索了"基本原理"与"传统文化"的汇通之道。毛泽东同志指出"凡思想是没有畛域的"，强调"接受外国的先进经验和优秀文化"向来是中华民族的传统。"中西体用"的局限性已经证明，"基本原理"与"传统文化"绝不是非此即彼的单选题，"马克思主义必须和我国的具体特点相结合并通过一定的民族形式才能实现"。可以看出，此时我们党发展的"民族的、科学的、大众的文化"，已将革命斗争的民族性、中外先进文化的科学性及满足广大人民需求的大众性有机结合，在克服"中西体用"局限性的基础上正确解决了古今中外文化的关系，为

"基本原理"与"传统文化"的进一步结合提供了理论指引。

"基本原理"与"传统文化"的结合，在改革开放的进程中不断完善。随着社会主义建设和改革开放的展开，中国共产党基于发展生产、改善民生等现实需求，深入推进"基本原理"同"传统文化"的有机结合，充实了二者相结合的理论基础与实践经验。

面对新的时代机遇与挑战，中国共产党进一步将"基本原理"运用到社会主义建设的具体实际中。随着"建设有中国特色的社会主义"时代主题的提出，将"中国特色"融入社会主义建设正式成为这一阶段的时代任务。在社会主义建设的具体实践中，我们党认识到"基本原理"这一科学理论，必须"要随时代、实践和科学的发展而发展"，在理论层面上进一步强调了推进马克思主义中国化的必要性。党的十六大以后，我们党在"解放思想、实事求是"的基础上，实现了对马克思主义中国化思想路线的深化，将"解放思想"的创造性、"实事求是"的规律性、"与时俱进"的时代性三者有机结合，为理解马克思主义中国化的深刻内涵提供了基本思路，也对"基本原理"与"传统文化"的深入结合提出了明确要求。

当下，在民族文化与世界文化互通与融合的过程中，中

● 学术圆桌 ●

华优秀传统文化的奠基性功能愈益凸显。沉淀五千多年的传统文化遗产，始终是中华民族最独特、最持久的原动力，更是社会主义建设过程中最明显的文化优势。如何以"传统文化"的民族文化优势助力中国特色社会主义建设，成为这一阶段文化建设的关键。对此，以邓小平同志、江泽民同志、胡锦涛同志为主要代表的中国共产党人，结合改革开放历程中国内外文化交流的经验教训，对"传统文化"及其与"基本原理"的关系，进行了进一步的探索与回答。面对传统文化的复杂性，邓小平同志以"基本原理"为指导，对传统文化进行扬弃，明确提出"继续肃清思想政治方面的封建主义残余影响的任务"，为"传统文化"在当今的发展扫除了封建主义残余。江泽民同志继承前人传统文化观，将"传统文化"置于"基本原理"框架之中，指出"继承和发扬民族优秀文化传统"，是发展"有中国特色社会主义的文化"的必要前提。党的十六大以后，胡锦涛同志继续推进"传统文化"与中国特色社会主义的结合，指出"中国共产党从成立之日起，就既是中华优秀传统文化的忠实传承者和弘扬者，又是中国先进文化的积极倡导者和发展者"，并号召国人完成"弘扬中华文化，建设中华民族共有精神家园"的历史任务。以此，经过几代中国共产党人的持续探索，我们党已对"基本

学术圆桌

原理"与"传统文化"的有机联系，有了更加深刻的认识。

"基本原理"与"传统文化"的结合，在新时代的发展中走向成熟。党的十八大以来，以习近平同志为核心的党中央，基于新时代的现实条件与时代需求，立场鲜明地强调在当下弘扬中华优秀传统文化的重要性，实现了由"一个结合"到"两个结合"的升华，为继续推进马克思主义中国化进程提供了理论指导和实践遵循。

中国特色社会主义进入新时代，我国的现实需求、基本国情等具体实际，均发生历史性转变。站在新时代的全新历史方位，中国共产党着眼于发展中国特色社会主义的战略目标，积极回应人民群众对于美好生活的向往，有力化解国内外的多种风险挑战，切实做到用马克思主义观察时代、把握时代、引领时代，将实现中华民族伟大复兴的总目标寓于各发展阶段的特殊性之中，用具有"中国特色"的观点方法研判中国实际的发展阶段、发展计划及发展任务，深入推进马克思主义中国化时代化的历史进程。

可以说，"中国特色"始终是马克思主义中国化的灵魂所在。在中国特色社会主义新时代，"中国特色"更多地体现为文化自主性与民族独立性。经过百年奋斗历程，中国共产党对于"传统文化"重要性的认识愈加深刻。以习近平

· 学术圆桌 ·

同志为核心的党中央，坚决抵制历史虚无主义、文化虚无主义等错误思潮。在民族文化交融的新时代，中华优秀传统文化是中华民族的突出优势，是我们在世界文化激荡中站稳脚跟的根基。在"基本原理"与"传统文化"相结合的重要论述提出后，传承并弘扬"传统文化"的自觉意识得到了切实加强。在新时代中国特色社会主义的建设过程中，我们党坚定不移地推进"传统文化"的现代化转型，对内实施中华优秀传统文化传承发展工程，对外加快国际传播能力建设，在内外联动中推动"基本原理"同"传统文化"的时代性结合。我们党深刻地认识到，增强文化软实力、中华文化国际影响力是现阶段的重要任务，中华优秀传统文化在其中发挥着不可替代的作用——它既是在新时代推进马克思主义中国化的强力催化剂，也是中国特色社会主义走向世界的名片。

"基本原理"与"传统文化"的结合是新时代中国之问的有力回答

党的十八大以来，以习近平同志为核心的党中央，在"基本原理"与具体实际相结合的基础上进一步提出了"基本原理"与"传统文化"相结合的发展原则，揭示了百年大党建

学术圆桌

设社会主义现代化强国的重要文化支撑，为中国式现代化新道路奠定了深厚的文化根基，对新时代所面临的中国之问作出了有力回答。

为马克思主义中国化时代化提供方案。"基本原理"的指导地位在我国得以确立，正是由于马克思主义在极大程度上满足了中国国情的现实需求，更得益于马克思主义与中国实际的"互化"。这种"互化"是创新建构的扬弃过程，是马克思主义理论与中国具体实际的双向融合。面对马克思主义这一源自西方的意识形态，使其"完全脱下它的外国服装"，适应中国人民的思想与精神特点是马克思主义中国化的关键。无论在何时何地发展马克思主义，"都要和自己时代的现实世界接触并相互作用"，中国共产党在推动二者互化的过程中历经了百年奋斗，为马克思主义提供了中华民族宝贵的实践经验与文化精神，为"基本原理"在中国沃土上开花结果源源不断地提供现实滋养。从民族维度看，马克思主义必须被中国人民所掌握才能实现其中国化，但"中国之民固实际的非理论的"，此时，传统文化作为中华民族"中国性"的重要来源，为中国人接受并运用马克思主义提供了思想依托。"传统文化"与"基本原理"虽存有民族性差异，但二者并非扞格不入，其在对自然界和人类社会的思考中，

学术圆桌

有着许多贯通契合之处。正如李约瑟所说:"现代中国的知识分子所以会共同接受共产主义的思想,其中一个很重要的因素是因为新儒学家和辩证唯物主义在思想上是密切连系的"。"基本原理"与"传统文化"的结合,使二者在学理层面的内在亲和性得到了充分体现,以中国独特的传统文化背景满足了中国特有的期待视野,切实推动了马克思主义这一外来先进思想"与我国固有之思想相化",并化成我们自己的东西、形成我们的民族特色。可以说,二者的结合为马克思主义提供了与中国沟通的桥梁,明确了在中国"如何运用马克思主义""运用马克思主义解决什么"的现实问题,为"基本原理"在中国的传播提供了理论依据与实践准则,大大提高了马克思主义在中国的传播与接受程度。

实践品格作为保持马克思主义真理性的重要前提,亦在本质上决定了马克思主义是以具体历史条件为转移的实践性理论,对马克思主义基本原理提出了时代化要求。马克思主义理论不是一成不变的理论教条,它"提供的只是总的指导原理",其理论必然是发展的、包容的、随具体条件而转移的。"结合具体情况并根据现存条件加以阐明和发挥",是充分发挥马克思主义基本原理科学指导性的重要前提。正如《共产党宣言》所指出的,马克思主义基本原理决不能被

学术圆桌

当作万能公式而随意套用，其实际运用必须"随时随地都要以当时的历史条件为转移"。不同时代、民族的异质性，是马克思主义理论实践性的深层根源，正是这些"具体现实"赋予了马克思主义活的灵魂，决定了马克思主义是来源于实践又归于实践的科学理论。作为传统社会意识形态的"传统文化"，与作为现代社会革命理论的"基本原理"，在自觉的意识层面更多地表现为现代与传统的紧张，但"基本原理"与"传统文化"的结合，则激发出二者在不自觉的无意识层面所蕴藏的可会通性。作为对现实社会的批判与反思，马克思主义无疑是带有后现代色彩的，但不同于追求纯粹颠覆与解构的西方后现代主义，马克思主义的后现代性质，带有对前现代在辩证否定层面上的追溯与回归，是一种以化解现代性矛盾为指向的"建设性的后现代主义"。在这种意义上，"传统文化"的前现代性，与"基本原理"的后现代性有着相同的指向和功能。可以说，"基本原理"与"传统文化"的结合，打破了时代性差异的壁垒，在交流互鉴中，实现了中华优秀传统文化之"旧学"，与马克思主义理论之"新学"的双向融合，在应对新时代挑战的过程中，为马克思主义注入了中华民族的历史智慧。

为在新时代筑牢民族文化自信注入精神活力。在新的历

学术圆桌

史起点上，文化自信是更基础、更广泛、更深厚的自信，没有高度的文化自信，没有文化的繁荣兴盛，就没有中华民族的伟大复兴。优秀传统文化作为中华民族的精神命脉，是厚植文化自信不可或缺的底气来源。然而，在全球化、信息化的新媒体时代背景下，文化虚无主义和文化复古主义等错误思潮，此起彼伏、轮番登场，为构建新时代中华民族文化自信造成了极大阻碍。因此，唯有坚持"基本原理"与"传统文化"的有机结合，以马克思主义理论的科学立场方法，深刻揭示出非科学的传统文化观的本质，即这些错误文化观念的背后，均蕴藏着瓦解马克思主义指导地位、扭曲中华优秀传统文化价值的邪恶目的——文化虚无主义捏造出马克思主义基本原理与中华优秀传统文化之间不可共存、相互矛盾的假象；文化复古主义则无视"优秀""有机结合"等关键字眼，将弘扬中华优秀传统文化混淆为盲目复古的文化保守行为。在马克思主义历史观的指引下，我们认识到"历史就是历史，事实就是事实，任何人都不可能改变历史和事实""抛弃传统、丢掉根本，就等于割断了自己的精神命脉"。中华优秀传统文化作为中国特色社会主义的重要精神支撑，其历史地位及现实价值是决不容撼动的。在这种意义上，"基本原理"与"传统文化"的结合，确立了科学的传统文化观，也正是

┃ 学术圆桌 ●

在对各种错误思潮的批判中，中华民族的文化自信才能牢固树立起来。

同时，保持"传统文化"与时俱进的生命力，不仅是中华文明繁荣发展的客观需要，更是增强文化自信的实践要求。站在新的历史方位，坚定民族文化自信，必须立足于传统文化的创新发展，并不断从传统文化的时代化转型中汲取新的文化活力。习近平总书记多次强调，传承中华优秀传统文化对于新时代马克思主义中国化的重要性，不是为了把传统文化作为古董完完整整地保留下来，而是要在新的时代条件和实践活动中激活它的生机活力。党的发展历程向我们证明，"基本原理"的科学性，是"传统文化"的时代价值得以激活和发展的重要原因。如今，中华优秀传统文化的蓬勃发展，为传统文化的创造性转化和创新性发展提出更高要求，"基本原理"的融入在落实新发展理念和构建新发展格局的征途中，为"传统文化"的时代转型提供了理论保障，推动了中华优秀传统文化的创新发展。可以说，"基本原理"与"传统文化"的有机结合紧跟时代语境转换，在新的时代背景下持续推动中华优秀传统文化创新发展，为跳出"就传统论传统"的固定思维而站在马克思主义新高度上，对传统文化进行再思考创造了无限可能性。

学术圆桌

为中国话语体系的构建赋予中国特色、中国智慧。党的十八大以来，世界局势出现了巨大变化。随着各民族、国家间的交往日益紧密，推动构建人类命运共同体的倡议得到更多认同，全球局势仍以和平与发展为主旋律。而在纷繁复杂的世界大变局中，全球性问题仍在困扰着地球村上生活的人们，新冠疫情带来的诸多不稳定性、不确定因素更是日益突显。基于严峻的全球性挑战，当今局势下的国际竞争，已不再以经济实力、军事实力、政治实力和科技实力等硬实力为单一标准，而是拓展为国家间多种要素与各项实力的综合较量。约瑟夫·奈将国家综合实力的评判标准划分为两个维度，以经济实力和军事实力为核心的"硬权力"，以文化、意识形态、社会制度吸引力和国际规则制定能力为核心的"软权力"。在全球化发展的总体趋势下，文化软实力的竞争态势愈加严峻和激烈，"软权力"的强弱已成为国家综合实力的重要象征。

"一个没有发达的自然科学的国家不可能走在世界前列，一个没有繁荣的哲学社会科学的国家也不可能走在世界的前列"，具有国家特色的话语权体系作为哲学社会科学成就的具体表现，已成为增强文化软实力的重要方面。如今，世界文明交流互融的新局势为中国话语体系建设带来了新的机遇

学术圆桌

与挑战。一方面，坚实的经济基础、先进的社会主义制度及丰富的文化基础，为我国话语体系建设提供了多方位的保障。另一方面，不同意识形态的碰撞、西方话语霸权的威胁等因素，也为中国话语权的建立造成了多重困境。习近平总书记指出："在解读中国实践、构建中国理论上，我们应该最有发言权，但实际上我国哲学社会科学在国际上的声音还比较小，还处于有理说不出、说了传不开的境地。"目前，中国话语体系的建设处于关键时期，如何加快建设社会主义文化强国、增强文化软实力、提高我国在国际上的话语权，仍是当前发展的重要问题。

"基本原理"与"传统文化"的结合，对上述问题作出积极回应，推动了中华文明民族性与马克思主义科学性的有机融合，并为中国话语体系的建构赋予了中国特色、中国智慧。一方面，话语创新是一个国家话语体系永葆活力的不竭源泉，"基本原理"与"传统文化"的结合，从根本上肯定了中华优秀传统文化对于中国特色社会主义发展的现实价值，为本国话语体系注入了中国特色。"我们的哲学社会科学有没有中国特色，归根到底要看有没有主体性、原创性。跟在别人后面亦步亦趋，不仅难以形成中国特色哲学社会科学，而且解决不了我国的实际问题。"中华优秀传统文化作为沉淀千年的文化瑰宝，不仅可以为中国话语体系提供深厚的思想内涵，还能为其构建独具中国特色的文化语境和话语资源。回顾党的发展历程，对"实事求是"的时代诠释、对"小康"的深刻阐发、对"以人为本"的思想升华，无疑都是利用民族话语回答中国之问的生动典范。如今，"基本原理"与"传统文化"的有机结合，为中国话语体系建构提供了契机，为中国人民和世界人民理解中国特色社会主义制度，提供了生动形象、亲和通俗的话语表达形式。另一方面，一个民族的核心精神与传统智慧是其话语体系最深层、最持久的力量，"基本原理"与"传统文化"的结合，能够深入挖掘中华优秀传统文化中所蕴含的民族精神内核，为中国话语体系构建提供中国传统智慧。"我们生而为中国人，最根本的是我们有中国人的独特精神世界，有百姓日用而不觉的价值观。"中华优秀传统文化历经岁月陶冶，蕴藏着中华民族世世代代凝结而成的中国智慧，这种深厚的精神积淀在一定程度上构建了中国话语体系的文化根基。在新发展阶段，"基本原理"与"传统文化"的结合，为中国话语注入了"中国元素""中国形态"，为在国际舆论斗争中掌握主动权提供了理论保障，我们应进一步把优秀传统文化的精神标识提炼出来、展示出来，从而实现中国话语体系建构与话语权表达的初衷。

"基本原理"与"传统文化"相结合的时代价值

我们正处在中华民族伟大复兴的战略全局与世界百年未有之大变局的时代背景下。面对前所未有的挑战与机遇，"基本原理"与"传统文化"的结合，在新的奋斗征程中开辟了马克思主义中国化的新境界，推动了新时代中国特色社会主义建设，助力了世界性问题的化解，对中国及世界的未来发展具有重要的时代意义。

为新时代马克思主义中国化开辟新境界。"基本原理"与"传统文化"相结合，是马克思主义中国化的最新理论成果，这一论述的提出指明了下一阶段的奋斗目标与方向，为进一步发展习近平新时代中国特色社会主义思想提供了坚实的理论基石。

一方面，"基本原理"与"传统文化"的结合，正确处理了具体实际与"传统文化"的关系，实现了马克思主义中国化的历史性飞跃。"基本原理"与"传统文化"相结合的提出，绝不是一蹴而就的，其历经了由宏观到具体的不断细化的过程。在"基本原理"与"传统文化"相结合的重要论述提出之前，我们党就围绕马克思主义中国化问题提出了"基本原理"与具体实际相结合的解决方案。可以说，"基本原理"与"传统文化"的结合，正是在"马克思主义基本原理同中国具体实际相结合"的基础上被提出来的。从本质上看，中国的客观现实"实际"与历史文化"实际"均寓于具体实际之中，通过政治、经济、文化等多种特殊形式表现出来。换言之，中华优秀传统文化始终被内在地包含在具体实际之中，只是由于长期以来关注的侧重点不同而未被"明确"划分出来。如果说，以往马克思主义中国化的重点在于中国的革命实践与建设实践，那么在新时代则转向中华民族力量的构建。"基本原理"与"传统文化"的结合，在新时代背景下正确处理了具体实际与"传统文化"的关系，将中华优秀传统文化这一历史文化国情从具体实际的宏观概念中单独提出并加以强调，在准确把握时代脉搏的基础上，有力地推动了马克思主义中国化的扩展与深化。

另一方面，"基本原理"与"传统文化"的结合，丰富了马克思主义中国化的具体内涵，为继续发展当代中国马克思主义指明前进方向。"基本原理"与"传统文化"相结合的提出，意味着马克思主义中国化，实现了由"一个结合"到"两个结合"的历史性转变，这一转变为在新的历史阶段接续发展马克思主义中国化注入了新鲜血液。其一，二者的结合更加突出了"基本原理"的主体地位。从具体表述来看，

学术圆桌

"基本原理"与"传统文化"的结合，并非对等双方的简单相加，而是有所侧重地将一方作为主体，即结合双方有十分明确的主次关系。"基本原理"作为论述的主词，相较"传统文化"具有明确的主体性，表明二者的结合是站在马克思主义立场上进行的，切实保证了马克思主义中国化的发展方向不偏离。其二，二者的结合为马克思主义中国化注入了民族力量。可以说，在中国特色社会主义取得光辉成果的全新历史条件下，我们比以往任何一个时期都需要总结经验、回顾历史。"基本原理"与"传统文化"的结合，将中华优秀传统文化中所蕴涵的民族力量、民族特点、民族优势融入马克思主义基本原理之中，立场鲜明地强调了在新时代弘扬文化、继承传统的重要性，为继续推进马克思主义中国化进程提供了理论前提和实践指引。

为建设新时代中国特色社会主义提供蓬勃伟力。新时代以来，我国的主要矛盾、阶段任务均发生了历史性转变。面对新的时代要求，"基本原理"与"传统文化"的结合，为新时代中国特色社会主义建设提供了蓬勃伟力。

一方面，"基本原理"与"传统文化"的结合，推动了传统文化现代化转型，为满足人民群众的精神文化需求提供保障。在新的历史条件下，中国社会的主要矛盾已经发生转变,即随着物质条件的不断充盈,人民对于美好生活的向往,蕴含着较以往更为强烈的精神文化需求。人民的现实需求所呈现出的新特点,要求我们必须将满足群众的精神文化需要,作为新发展阶段的关键任务,努力实现中华传统美德的创造性转化和创新性发展,让14亿多人的每一分子都成为传播中华美德、中华文化的主体。面对人民的新需求,作为传统社会意识形态表现形式的传统文化虽已不能完全适应新时代的要求,但以儒学为代表的传统思想仍然是满足人民美好生活向往的重要变量,若要充分发挥传统文化的现实价值,必然要经历"去粗取精"的理性审视。此时,"基本原理"与"传统文化"的结合,将"经济基础"这一标尺带入传统文化视域,为传统文化的选择与运用提供了标准。区别于对"绝对精神"的信仰,马克思主义文化观建立在实践性基础之上,在谈论社会存在和社会意识的关系问题时,马克思指出:"物质生活的生产方式制约着整个社会生活、政治生活和精神生活的过程",即任何"法律的、政治的、宗教的、艺术的或哲学的"意识形态形式都受制于现实物质的生产实践活动。也就是说,新的经济基础对作为上层建筑的传统文化提出了新要求,在中国特色社会主义进入新时代的背景下,只有适应经济基础并对于推动社会发展起到积极作用的部分,才可作为优秀传统文化被保留并加以改造。由此可见，"基本原理"为"传统文化"提供了科学甄别标准，使中华优秀传统文化的现代化转型有章可循，在新时代中国特色社会主义建设过程中保证传统文化"不变味"。

另一方面，"基本原理"与"传统文化"的结合，彰显了中华优秀传统文化的时代价值，为新时代中国特色社会主义建设注入精神力量。如今，在中国共产党的带领下我们已顺利实现"第一个百年"奋斗目标，这标志着我国进入了一个新发展阶段。在历史唯物主义视阈下，这一历史性成就必定是基于一定的历史前提条件而"在十分确定的前提和条件下创造的"，传统文化这一历史基础在其中发挥着不可或缺的作用。在"两个一百年"交汇的关键时期，建设新时代中国特色社会主义的奋斗征程，亦是中华优秀传统文化的现代化转型过程，持续发扬、传承中华优秀传统文化的民族文化优势，是推动中国特色社会主义事业发展的关键一步。"基本原理"与"传统文化"的结合，以马克思主义的实践品格推动传统文化在内容及形式上的转化与创新，结合新时代的发展需求充分挖掘中华优秀传统文化的历史价值与时代意义，为实现中华民族伟大复兴注入了最独特的民族文化力量。二者的结合将中华优秀传统文化置于更高的历史地位，向我们证明了无论在任何历史时期中华优秀传统文化都以鲜明的民族性、开放性、实用性，滋养着中国特色社会主义事业，始终为中国特色社会主义建设提供有力的文化支撑。可以说，中国特色社会主义现代化建设的奋斗征程，亦是中华优秀传统文化实现现代化转型的过程，如何继续弘扬中华优秀传统文化以增强民族归属感、树立民族文化自信，仍是我们党现阶段必须关注的问题。

为进一步解决全球性问题作出中国回答。就全球发展而言，"基本原理"与"传统文化"的结合，为应对"世界百年未有之大变局"提供了中国思路。

一方面，"基本原理"与"传统文化"的结合，为在世界变局中谋共赢提供了中国方案。如今，各个民族、国家已紧密联系在一起，中国的具体实际不可能脱离全球化趋势而独立存在。面对诸多全球性问题，中国始终秉持着心中既要有民族复兴大局，又要胸怀世界变革大局的态度，通过丰富多彩的形式、包容开放的立场，源源不断地向世界展示中国方案、中国力量。以习近平同志为核心的党中央反复强调，包括儒家思想在内的中国优秀传统文化中，蕴藏着解决当代人类面临的难题的重要启示，要推动全球治理理念创新发展，积极发掘中华文化中积极的处世之道和治理理念同当今时代的共鸣点。在新的历史征程中，世界格局新变化需要中国特色社会主义继续提供中国智慧，"基本原理"与"传统文化"的结合，在科学准确把握国际局势的新变化中抓住本质、把握规律，用中华民族特有的方式向世界展示具有"中国特色"的大国形象。

另一方面，"基本原理"与"传统文化"的结合，推动了人类文明繁荣发展。如今，中西文化已跳出"非此即彼"的一元论局限，中华优秀传统文化亦已冲破民族界限而存在于人类文明发展之中。从历史上看，二者的结合充分发挥了中国文化开放包容的柔性智慧，通过融摄异域文化思想，为实现"万物并育而不相害，道并行而不相悖"的人类文明最高理想，提供了理论参考。从现实上看，随着全球化趋势的不断深入，传承中华优秀传统文化不仅是中华民族的需要，更是全人类文明发展的需要。在共生共存的世界环境下，"基本原理"与"传统文化"的结合，为化解全球化趋势与地方性价值差异之间的矛盾指引了方向。以"和合思想"为核心的中国文化，始终蕴含着求同存异、共存共赢的辩证智慧，对"各美其美、美人之美、美美与共、天下大同"的追求，便是"和合思想"在人类命运共同体大势下作出的现代诠释。在这种意义上，"基本原理"与"传统文化"的有机融构，

学术圆桌

激活了中华优秀传统文化内在的极具中国特色的世界观及思维方式,对地域文明关系间的朴素对立进行辩证地扬弃和历史地克服,是以自身哲学智慧推动人类文明共同发展的有益尝试。

总之,每个国家运用马克思主义,都必须"穿起本民族的服装"。持续推进"基本原理"同"传统文化"的深度结合具有极其重要的时代意义,这种"结合"既是对中国共产党百年奋斗历程的继承与总结,又是在新时代持续发展马克思主义的必然选择,还是推动实现"第二个百年"奋斗目标的动力与保障。新时代新征程上,"基本原理"与"传统文化"有机结合的实现,离不开每一位马克思主义理论传播者和中华优秀传统文化传承者的共同努力,我们肩负时代的使命,要坚持问题导向,深入学习贯彻习近平总书记关于"两个结合"的重要论述精神,继续推进实践基础上的理论创新,不断谱写马克思主义中国化时代化新篇章。

(《人民论坛·学术前沿》2023年1月上)

学术圆桌

关于马克思主义基本原理与中华优秀传统文化相结合的若干认识

杨艳秋

在庆祝中国共产党成立一百周年的重要讲话中，习近平总书记首次提出"坚持把马克思主义基本原理同中华优秀传统文化相结合"这一重大命题和论断。党的二十大报告对此做了深入阐述："只有把马克思主义基本原理同中国具体实际相结合、同中华优秀传统文化相结合，坚持运用辩证唯物主义和历史唯物主义，才能正确回答时代和实践提出的重大问题，才能始终保持马克思主义的蓬勃生机和旺盛活力。"而"只有植根本国、本民族历史文化沃土，马克思主义真理之树才能根深叶茂"。这是党的理论的又一重大创新。在此，就马克思主义同中华优秀传统文化为什么要结合，为什么能够结合以及怎样结合的问题，谈几点认识。

马克思主义基本原理同
中华优秀传统文化相结合的必要性

马克思主义基本原理同中华优秀传统文化相结合,是马克思主义中国化时代化的必由之路。恩格斯指出,每个国家运用马克思主义,"必须完全脱下它的外国服装",因为"我们自己创造着我们的历史,……但是政治等等的前提和条件,甚至那些萦回于人们头脑中的传统,也起着一定的作用"。党对百年奋斗历程的总结,同样得出"马克思主义理论不是教条而是行动指南,必须随着实践发展而发展,必须中国化才能落地生根、本土化才能深入人心"的重要结论。马克思主义基本原理与中华优秀传统文化,彼此依托、彼此融通、彼此成就。只有根植于中华优秀传统文化的丰厚文化土壤,马克思主义才能在中华大地生根、开花、结果。同样,中华传统文化只有通过马克思主义激活其精华才能焕发生机。

马克思主义认为,世界各种文明虽然存在发展的特殊性,但人类社会发展存在共同的、普遍的发展规律。中华文明也不例外。马克思主义要被刚刚步入近代的中国社会所接受,必须能够解释中国社会发展的新问题、能够回应中国社会近代转型中所面临的困境。以马克思主义诠释中华文明的发展历程，为这一有着五千多年连续发展的东方文化寻找在世界发展史中的定位，回答近代变革的时代之问。刘大年认为，"在历史学领域里，马克思主义研究者第一次科学地解答了这个问题"。以李大钊、郭沫若为代表的马克思主义者，运用马克思主义的社会经济发展形态理论、辩证唯物论验证了中国社会发展的合则性，"马克思主义之所以能够应用于研究中国历史，根据在哪里？根据不在中国历史之外，只在中国历史运动之中。甲骨钟鼎文字和先秦以下浩如烟海的文献记录表现的中国社会制度、历史演变，有什么样子，马克思主义才能够讲出什么样子。马克思主义的应用，改变了的是主体对客体的认识，而不是改变了客体的存在"。可以这样认为，中国的马克思主义特别是中国马克思主义史学，正是在运用马克思主义基本原理解释中华传统文化的实践中创立并发展起来的；因为中国马克思主义历史学所做的工作，"就是穿起中国民族服装，把一个本来陌生的科学思想认识体系民族化，来发展、创造我们民族新文化的工作"。离开中华传统文化，马克思主义难以在近代中国得到传播与发展。

中华优秀传统文化同样需要马克思主义基本原理实现"创造性转化和创新性发展"。18世纪的工业革命开启了人类世界通往现代化的大门，资本的扩张把人类文明的发展推向

学术圆桌

了更高的阶段，欧美一些主要的资本主义国家完成了从传统农业社会向近代工业社会的转变。但在漫长的历史发展过程中，中国传统社会长期呈现出农业文明属性。近代以来中国社会转型过程中反复出现中西文化优劣之争，正是这一历史进程的缩影。然而，我们要看到，一方面，中国传统文化自身存在"通则变，变则久"的历史变动思想，中华文化也有着成功接纳异质文化的典型例子，如佛教的传入，有顺应历史发展潮流，自我更新，接纳历史变动所带来的社会变迁的意识，但这种转型需要正确理论的指引，而马克思主义在中国的接受与传播，则为苦难中的近代中国提供了历史发展的契机。另一方面，马克思主义关于联系的发展的观点、矛盾的观点、辩证的、唯物论的观点，也为中华传统文化中的相应观点保留了发展空间，形成了我们今天的认识："历史、现实、未来是相通的。历史是过去的现实，现实是未来的历史"，"历史是从昨天走到今天再走向明天，历史的联系是不可能割断的"。马克思主义的这种联系性的社会历史观，为马克思主义同中华优秀传统文化的结合，提供了重要的思想基础和方法论基础，也给中华优秀传统文化的创造性转化和创新性发展提供切实的路径。

马克思主义与中华优秀传统文化的内在契合性

马克思主义理论自传入中国，为中国社会所接受并发展壮大的历程，即可视为马克思主义中国化的历程。马克思主义的强大力量就在于它与中国实际的结合，而这其中就包括与中国历史和传统文化的结合。中华传统文化因素的影响，更不能低估。从毛泽东同志提出"今天的中国是历史的中国的一个发展；我们是马克思主义的历史主义者，我们不应当割断历史。从孔夫子到孙中山，我们应当给以总结，承继这一份珍贵的遗产"的文化观，到党在总结百年奋斗重大历史经验中提出的"两个结合"方法论，再到党的二十大报告进一步提出"六个坚持"的方法路径，都凸显出马克思主义在与优秀传统文化相结合中的联系性和毋庸置疑的契合性。学界对二者相结合视角的探讨更是蔚为大观，尤其是党的十八大以来，中华优秀传统文化的研究渐成热潮，各社会科学学科均关注对中华优秀传统文化与马克思主义相结合、内在契合性、创造性转化和创新性发展视角的观察与探讨，涉及众多思想理念，如传统文化中的朴素辩证思想、经世通变思想、民本思想、和合思想、"天人合一"的生态思想、廉能思想、儒法兼治思想等，为中华优秀传统文化与马克思主义结合的

▍学术圆桌 ●———————————

探讨，提供了诸多有益的研究样本。刘大年当年对马克思主义与传统文化相结合问题的观点，时至今日仍然具有代表性，"哪些东西对我们今天仍然有益和应当汲取，那必定是仁者见仁，智者见智，言人人殊"。"照我的看法，孔学是讲治术、面对现实，而不是脱离现实的；是理性的，而非神学的；是有条件地主张变革，承认'穷则变，变则通'的；是追求对'道'即社会历史规律性认识的，'君子忧道不忧贫'，'朝闻道，夕死可也'"。刘大年认为："马克思主义与传统文化相结合，中国文化就会像以往在东方文化中保有高度繁荣和显耀地位一样，今后也将继续保有它的高度繁荣和显耀地位。"有关马克思主义与中华传统文化契合性的讨论，对深化马克思主义与传统文化相结合，对推动马克思主义中国化时代化，无疑具有重要意义。

另一方面，探讨马克思主义与中华优秀传统文化之间的契合性，又不能仅仅停留在文化对文化、思想对思想层面，而必须将它们与社会发展结合和联系起来。对此，刘大年在同一篇文章中就提醒我们说：讨论马克思主义与中华传统文化之间的契合性问题，"当然并没有忽视作为意识形态的文化同社会物质生产、经济生活这样那样的联系。它们的动作是双向的，它们大体上要荣枯与共，休戚相关"。倘若不能

学术圆桌

将文化问题放到相应的社会历史进程中去考察，在经济基础与上层建筑之间分别加以"双向"的探讨，那么，有关文化问题的研究就会流于形式。在这方面，中国马克思主义史学在创建和发展中遇到的问题，就是一个很好的例证。20 世纪 20 年代，马克思主义在中国传播伊始，为了对抗传统的唯心主义思想，而突出倡导马克思主义唯物的、政治经济学思想，结果被误认为是"唯经济论者"。同样，20 年代末 30 年代初，为对抗形形色色的机械论、外铄论、反覆论时，集中倡导单一的社会经济形态方法论，也不甚成功。后来，马克思主义史学家侯外庐、哲学家杜国庠等进行学术自省，逐渐通过社会经济基础的分析，注意到社会基础与上层建筑、一般性规律与特殊性之间的辩证关系，注意到哲学史、思想史等意识形态对经济基础的反作用问题，由此不仅深化了中国马克思主义史学的发展，而且大大深化了我们对马克思主义整个理论体系的学理性认识。这一研究历程，可为当下中华优秀传统文化与马克思主义基本原理相结合问题的研究所借鉴。

马克思主义基本原理与中华优秀传统文化何以能结合

党的二十大报告指出：只有"植根本国、本民族历史文

学术圆桌

化沃土，马克思主义真理之树才能根深叶茂"，作为中华文明的智慧结晶的中华文化同科学社会主义价值观主张具有高度契合性，"把马克思主义思想精髓同中华优秀传统文化精华贯通起来、同人民群众日用而不觉的共同价值观念融通起来"。

一方面，马克思主义代表着 19 世纪人类优秀文化思想成果。马克思主义自诞生以来，是在不断变迁的社会实践中，从对人类一切文明成果的学习中，不断开辟着认识真理的道路。"它绝不是离开世界文明发展大道而产生的一种故步自封、僵化不变的学说"。中国是马克思、恩格斯在理论研究和革命实践中长期关注的国家，马克思在 19 世纪 50 年代曾专门研究过中国历史，并写下《中国革命和欧洲革命》《鸦片贸易史》《中国和英国的条约》等一系列有关中国的文章。目前的《马克思恩格斯论中国》就有 5 个版本。据相关专家统计，在《马克思恩格斯全集》中文第一版 50 卷中，直接提及中国的地方有 800 多处，其中仅《资本论》及其手稿就有 90 多处。1850 年 1 月 31 日，马克思在为《新莱茵报·政治经济评论》所写长篇通讯中就指出"中国社会主义之于欧洲社会主义，也许就像中国哲学与黑格尔哲学一样"，预见了中国社会主义的到来及其独特性。习近平总书记在纪念

学术圆桌

马克思诞辰 **200** 周年大会上指出："马克思、恩格斯高度肯定中华文明对人类文明进步的贡献，科学预见了'中国社会主义'的出现，甚至为他们心中的新中国取了靓丽的名字——'中华共和国'。"马克思主义之所以能够与中华优秀传统文化相结合，是因为她的诞生没有离开世界文明的大道，其中就有中华文明、中华文化因素的深刻影响。

另一方面，马克思主义基本原理能够同中华优秀传统文化相结合，是中华文化的兼容性、包容性特征所决定的。中华文化是多元文化融合起来的，不仅吸收了国内各个民族的文化，而且吸纳了大量的外来文化，体现出多元一体、兼容并蓄的特点，所以能够不断自我更新、持续发展。从古至今，中国文化与外来文化有过三次重要的交流。第一次是汉唐时期佛教的传入。中国文化在影响和改造佛教文化的同时，也从佛教中汲取了大量文化养分。第二次是唐代伊斯兰教传入中国，宋元时期达到高潮。伊斯兰文化逐渐本土化。明清持续多年的"以儒诠经"，通过吸收儒家传统中的思想，来阐释伊斯兰教的内涵，体现了中国文化吸纳、融合外来文化的能力。第三次是明清之际直至近代的中外文化交流。明清之际，西方传教士来到中国，带来了西方的宗教，也带来了西方的文化和自然科学。鸦片战争以后，西方列强的坚船利炮打开了中国的大门,中国被动地吸收西方文化。中国通过翻译西学书籍、派遣留学生等方式,从器物、制度、思想文化等不同层面学习西方的先进文化和知识,掀起了新文化运动。十月革命以后,马克思主义理论传入中国,并与中国实际相结合,找到一条适合中国国情的发展道路。中国文化积极、自主地吸收世界优秀文明成果,重新焕发出勃勃生机。中国文化之所以有强大的生命力和凝聚力,就在于它不断地融合多民族文化,不断地从外来文化中汲取、整合优秀的文化成果,在多元文化的融会中不断更新,创造属于自身的新文化。

马克思主义基本原理同
中华优秀传统文化相结合的方法路径

马克思主义是科学的方法论,正如恩格斯所指出的,"马克思的整个世界观不是教义,而是方法。它提供的不是现成的教条,而是进一步研究的出发点和供这种研究使用的方法"。也就是说,马克思主义方法论的本质在于透过物质世界的客观实践,总结而得出的客观规律和理性思维,并以此指导实践。马克思主义的方法论既探讨指导实践的一般原则,也研究具体的方法与实现路径。

学术圆桌

党的二十大报告在"两个结合"基础上进一步提出"六个坚持",为新时代马克思主义与中华优秀传统文化相结合的学理研究奠定基调:绝不是为复古而回顾,绝不是为研究传统文化而研究,其研究客体的选择需要着眼于实践,即有助于"开辟马克思主义中国化时代化新境界",有助于"始终保持马克思主义的蓬勃生机和旺盛活力",必须能"正确回答时代和实践提出的重大问题"。报告指出:"不断谱写马克思主义中国化时代化新篇章,是当代中国共产党人的庄严历史责任。继续推进实践基础上的理论创新,首先要把握好新时代中国特色社会主义思想的世界观和方法论,坚持好、运用好贯穿其中的立场观点方法。"世界观和方法论所传达的基本立场观点方法,就是要求我们坚持辩证唯物主义和历史唯物主义的根本指导思想。"两个结合"则提出以辩证的思维,在现实实践和历史经验辩证关系基础上发展马克思主义,促进理论的中国化时代化。而二十大报告提出的"六个坚持",则是方法论的进一步深化和体系化,为实践"两个结合"论断、"开辟马克思主义中国化时代化新境界"指明了具体方法与路径。

坚持人民至上是马克思主义基本原理同中华优秀传统文化相结合的重要着眼点。马克思主义基本原理与中华优秀传

▌学术圆桌 ●

统文化相结合,从理论上来说,不能流连于形似,而应找寻内在精神的契合性。当然,任何一种理论都是一种历史的产物,"它在不同的时代具有完全不同的形式,同时具有完全不同的内容"。然而,中华文化影响的根深蒂固、中华文明地域范围的广阔,传统文化精神是否仍然影响着人们的日常生活?党的十九大报告指出,"全党必须牢记,为什么人的问题";二十大报告提出"人民至上"。人民的内在精神世界、个人的思想感情与传统文化之间若隐若现的精神纽带,需要以人民性为导向的马克思主义中国化时代化理论,关注中华优秀传统文化的当代性问题。"当代的中国是历史的中国的发展","人民至上"除了与古代民本思想有所联系外,探寻传统思想情感、风俗习惯所代表的中华传统文化与马克思主义相契合的结合点,是马克思主义同中华优秀传统文化相结合的重要着眼点。

对马克思主义与中华优秀传统文化相结合应坚持自信自立的观点。马克思主义强调对人类社会发展普遍性发展道路的探寻,但同样注重对历史发展特殊性的理论关照。中华文化有其独特的生成演进环境,这使它既具有文明与文化的一般共性,更具有独特个性和民族性。其中蕴含的稳定性与连续性、伦理性与道德性,作为中国历史发展特色,仍有充分

学术圆桌

的理由为现代中国国家治理所借鉴；而群体性与整体性，兼容性与包容性，与时俱进的品格和创新精神，时至今日仍然是为时代所襃扬的价值理念，并为现代中国所继承发扬。而马克思主义本身"作为科学的理论，之所以具有强大的生命力，除了自身的科学性、革命性、人民性、实践性、开放性等以外，还具有鲜明的世界性、时代性、民族性，必须与各国的文化传承、文化基因、民族传统、民族特性等相适应相契合"。这种内在契合性的存在，是马克思主义同中华优秀传统文化相结合的重要理论基础，有充分的理由对二者的结合保持自信自立的态度。

马克思主义与中华优秀传统文化的结合，要坚持守正创新和问题导向的观念和视角。马克思主义与中华优秀传统文化的结合不是一种调和，正如有学者对传统文化融入中国特色社会主义论述所指出的一样，"调和只能是把二者搅拌在一起，形成所谓的混合物……传统文化融入中国特色社会主义是在马克思主义理论的指导下，结合中国特色民族文化发展的实际，对传统文化进行的破与立的过程"。任何的调和主义，都只能维系表面的暂时平静。马克思主义与中华优秀传统文化的结合，也需要结合中国特色民族文化发展的实际，要有"破"的勇气，坚守"正"与"新"的价值准绳，才能

学术圆桌

有"新"的树立。而在对传统文化破与立的进程中，只有坚持问题导向，密切联系实践中的实际，守正创新才有真正的附着点。

马克思主义基本原理与中华优秀传统文化的结合，必须坚持系统观念，用普遍联系的、全面系统的、发展变化的观点观察事物，把握事物发展规律。必须坚持胸怀天下，以海纳百川的宽阔胸襟借鉴吸收人类一切优秀文明成果。

（《近代史研究》2023 年第 2 期）

坚持和发展马克思主义必须同中华优秀传统文化相结合

刘建武

马克思主义是我们立党立国、兴党兴国的根本指导思想，坚持和发展马克思主义，必须同中国具体实际相结合、同中华优秀传统文化相结合。党的二十大报告指出，"把马克思主义思想精髓同中华优秀传统文化精华贯通起来、同人民群众日用而不觉的共同价值观念融通起来，不断赋予科学理论鲜明的中国特色，不断夯实马克思主义中国化时代化的历史基础和群众基础。"弄清楚马克思主义同中华优秀传统文化相结合的历史必然性，对更加自觉地推进马克思主义中国化时代化具有重要意义。

由传统文化与当代实践的必然联系决定

中华优秀传统文化作为一种极其深厚的历史文化积淀，已经长久地流淌在我们民族的血液之中。它虽然看不见摸不着，但又无处不在、无时不有，以一种无形的力量影响着人们的思想和行为，这就是一个民族赖以生存和发展的文化基因、文化传统和文化心理。习近平总书记2014年5月在北京大学师生座谈会上指出，"中华优秀传统文化已经成为中华民族的基因，植根在中国人内心，潜移默化影响着中国人的思想方式和行为方式"。

一个人来到这个世界上，就犹如必须呼吸空气一样，不可避免地生存在固有的文化氛围之中，这就决定了人们在创造历史的过程中，不会也不可能是随心所欲地任意行动，而必然受到既有文化传统的影响和制约。马克思指出，人们自己创造自己的历史，但是他们并不是随心所欲地创造，并不是在他们自己选定的条件下创造，而是在直接碰到的、既定的、从过去承继下来的条件下创造。习近平总书记在考察朱熹园的时候指出，"要推动中华优秀传统文化创造性转化、创新性发展，以时代精神激活中华优秀传统文化的生命力。要把坚持马克思主义同弘扬中华优秀传统文化有机结合起来，坚定不移走中国特色社会主义道路。"这一重要论述，深刻地揭示了传统文化与当代实践之间无法分割的内在联系。

传统文化与当代实践的这种无法分割的必然联系，是客

学术圆桌

观存在的现实，是不以人的意志为转移的，是任何力量都不可能随意可以改变的。所以说，马克思主义不会也不可能排斥中华优秀传统文化，中华优秀传统文化是马克思主义中国化的基础和根据。

由传统文化包容开放的性格特点决定

马克思主义产生于西方，但马克思主义来到中国后，既没有因为水土不服而销声匿迹，也没有因为环境变迁而改性变种，不仅在古老的中国落地生根、安家落户，而且茁壮成长、开花结果，这不能不说是马克思主义发展史上的一个奇迹。

要理解这个奇迹，就不能不从博大精深的中国文化传统中去探寻。理解这个问题的关键在于，正确认识和把握两者能够结合的内在原因，弄明白开放发展的马克思主义与博采众长的中华优秀传统文化之间，所存在着的能够结合的内在因子和深度契合性。这种内在因子和契合性，体现在中华传统文化所向往和追求的大同理想、民本观念、平等主张、道德操守、革新精神、和平理念等，与马克思主义的基本观点之间存在着共通之处。党的二十大报告指出，"中华优秀传统文化源远流长、博大精深，是中华文明的智慧结晶，其中蕴含的天下为公、民为邦本、为政以德、革故鼎新、任人唯贤、天人合一、自强不息、厚德载物、讲信修睦、亲仁善邻等，是中国人民在长期生产生活中积累的宇宙观、天下观、社会观、道德观的重要体现，同科学社会主义价值观主张具有高度契合性。"正是因为中华优秀传统文化具有与马克思主义相结合的天然因子，就使马克思主义同中华优秀传统文化的结合具有了现实可能性，从而为马克思主义在中华文明的土壤里生根、开花、结果，提供了必不可少的环境和条件。

由破坏一个旧世界与建设一个新世界的辩证关系决定

中国共产党成立后，面临的最主要任务就是组织和领导人民进行革命斗争，以武装的革命推翻武装的反革命，建立一个与历史上任何一个封建王朝性质都根本不同的人民当家作主的新政权，实行人民民主专政。要实现这个目标，以往旧的思想已经不适合中国的国情，是马克思主义科学地回答了在中国为什么要革命以及革命的对象、革命的动力、革命的前途等一系列重大问题，为中国共产党提供了科学的理论指南。正是在马克思主义基本原理与中国革命具体实践相结合的实践中，我们完成了民族独立、人民解放的历史任务。

学术圆桌

实践证明，只有马克思主义才能救中国。

在党的七届二中全会上，毛泽东同志指出，"我们不但善于破坏一个旧世界，我们还将善于建设一个新世界"。在革命的目标任务、方向方针、方式方法发生变化后，"建设一个新世界"依然需要我们充分利用中华优秀传统文化中所包含的治国理政、为官为政的道理和智慧。在几千年的历史演进中，中华民族创造了灿烂的古代文明，形成了关于国家制度和国家治理的丰富思想，这些思想中的精华是中华优秀传统文化的重要组成部分，也是中华民族精神的重要内容。

可以说，正是在把马克思主义基本原理同中华优秀传统文化相结合的不懈探索中，我们实现了从"破坏一个旧世界"到"建设一个新世界"的精彩转变和完美统一。这也告诉我们，正确认识和处理马克思主义基本原理与中华优秀传统文化的关系，只能把它放在特定的历史条件和特定的历史语境中去考察，不能单一抽象地超越历史条件地去生搬硬套。

由马克思主义本土化、民族化的内在要求决定

马克思主义作为反映人类社会发展规律的科学真理，其基本原理具有普遍的指导意义，如果放弃了马克思主义的基

本原理，就背离了科学社会主义的轨道。同时，我们还必须明白，马克思主义作为发展的科学，它所提出的只是一般的指导原则，并没有为不同国家不同民族的革命和建设提供现成的答案。基本原理、一般规律作为社会历史发展中具有普遍意义的本质关系的理论抽象，指明了每个国家和民族历史发展的必然趋势和共同要求，但由于各个国家的具体情况和文化传统各不相同，这些基本原理、一般规律在不同国家的具体实践中，必然表现出各自不同的特点。

由于马克思主义基本原理和社会发展一般规律不是独立存在的，而是通过各个国家特有的民族形式表现出来，这就要求人们在进行革命和建设的具体实践中，要善于把基本原理、一般规律与本国实际本民族文化传统结合起来，积极探索适合本国本民族具体特点的马克思主义的实现形式。如果没有马克思主义与中国传统文化的结合，就不可能实现马克思主义的中国化，也不可能形成中国化的马克思主义。正如党的二十大报告所指出的，"只有植根本国、本民族历史文化沃土，马克思主义真理之树才能根深叶茂。"

我们必须坚定历史自信、文化自信，坚持古为今用、推陈出新，把马克思主义思想精髓同中华优秀传统文化精华贯通起来、同人民群众日用而不觉的共同价值观念融通起来，

学术圆桌

不断赋予科学理论鲜明的中国特色，不断夯实马克思主义中国化时代化的历史基础和群众基础，才能使马克思主义在中国大地根更深、叶更茂、花更红。

（《思想政治工作研究》2023 年第 2 期）

"第二个结合"深层逻辑的三维分析

尚庆飞

深入理解和把握"两个结合",尤其是在新时代背景下推进马克思主义基本原理同中华优秀传统文化结合的深刻意蕴,不能停留在学院式研究上或单纯从文化逻辑层面把握"第二个结合",而应当立足于中国特色社会主义伟大实践的现实场域,从历史、理论和现实三个维度加以全景式透视。

历史之维:从"形式""内容"到 "价值理念"的深度结合

从中国共产党推进马克思主义中国化的整体历史进程来看,中华优秀传统文化在其中发挥了不可或缺的重要作用。之所以强调马克思主义基本原理同中华优秀传统文化的结合,其原因不仅在于源自西欧文化语境的马克思主义与中华文化之间存在重要的理论"视差",而且因为中华文化以日用而不自觉的方式深刻影响着中国人对外部世界的认识与改造，也必然会影响中国人对马克思主义的选择和运用。可以说，百年马克思主义中国化的历史，就是不断在中国本土实际经验和悠久文化传统的基础上实现马克思主义"化"中国，以及运用中国经验、中国文化"化"马克思主义的双向互动过程。从总体上看，马克思主义基本原理同中华优秀传统文化的结合大致经历了"形式—内容—价值理念"三个不同层次的范式转换过程。

第一，以比拟或比附方式推进形式层面的结合。马克思主义初入中国，要在中国生根发芽、开花结果，首先面临的问题就是在语言形式上进行转化。基于西欧文化语境的马克思主义，就最外在的表达形式而言，与中华文化之间存在着巨大"空间性"差异；同时，立足于西欧发达工业化生产基础上的理论表达，与建立在自给自足自然经济之上的中华文化之间，又存在着巨大的"时间性"差异，亦即常言的"现代"与"传统"之间的差异。因此，马克思主义在从西欧向古老中国的"理论旅行"过程之中，必然首先遭遇中华文化系列差异性所构筑的外在"抵抗"，而首当其冲的便是语言表达方式和思维方式上存在的差异性，这直接影响中国人对马克思主义的理解。因此，中国人在早期译介马克思主义的过程中，常常使用比附或比拟的手法，即从中华优秀传统文化中寻找

| 学术圆桌

类似概念或表达方式，帮助国人以较为便捷的方式理解马克思主义的深奥概念。例如，面对社会主义这一最初源自拉丁语的具有共同的、共享的含义的全新概念，中国人在理解过程中不可避免会出现一定意义上的陌生感与距离感。因此，梁启超在介绍社会主义时便选择了中华传统文化的概念表达方式进行比附，认为社会主义"吾中国固夙有之"，"中国古代井田制度正与近世之社会主义同一立脚点，近人多能言之矣，此不缕缕"。1912 年 10 月，孙中山说："考诸历史，我国固素主张社会主义者。'井田'之制，即均产主义之滥觞；而累世同居，又共产主义之嚆矢。足见我国人民之脑际，久蕴蓄社会主义之精神，宜其进行之速，有一日千里之势。"

如上所述，梁启超和孙中山不约而同地从中华传统文化中找寻社会主义这一概念的形式载体。当然，在比附的同时，另一些知识分子则尝试用马克思主义对中华传统文化进行"格义"，这对于中华传统文化的知识化和体系化，显然起到了促进作用。从中华传统文化中找寻与马克思主义相对应的类似概念范畴，在此基础上对马克思主义加以比附和解释，构成了马克思主义基本原理同中华优秀传统文化结合的最初图景。随着马克思主义在中国的不断传播，这种表面的比附和解释显然就不能满足中国革命的现实需要了。

学术圆桌

第二，以创造性发展方式推进内容层面的结合。马克思主义在中国的早期传播，需要进行表达方式上的比附或比拟，这更多的是一种外在形式上的结合问题，是异域文化在他国传播过程中普遍遵循的一般传播学规律。但中国共产党接受马克思主义，是将其作为一种救国救民、改造宇宙和社会的真理，这就从根本上超越了以往将马克思主义单纯作为一种西方学说来传播的境界。因此，中国共产党在推进马克思主义中国化的过程中，除了在一般意义上使用中华优秀传统文化中的概念来比附、阐释马克思主义之外，更为重要的是真正开启了推进马克思主义基本原理同中华优秀传统文化相结合的过程，即从内容层面实现二者的有机结合。例如，毛泽东同志对古代实事求是学风的改造和转化。"实事求是"这一概念出自班固的《汉书》，其本意是称颂河间献王刘德"修学好古，实事求是"的严谨治学之风。1941年在《改造我们的学习》中，毛泽东同志指出："'实事'就是客观存在着的一切事物，'是'就是客观事物的内部联系，即规律性，'求'就是我们去研究。我们要从国内外、省内外、县内外、区内外的实际情况出发，从其中引出其固有的而不是臆造的规律性，即找出周围事变的内部联系，作为我们行动的向导。"毋庸置疑，毛泽东同志在新的历史条件下，批判继承了中华

学术圆桌

传统文化中实事求是的精神，并作了马克思主义的解释，使这一概念的内涵和外延获得了新的意蕴。这方面的事例还有很多，诸如毛泽东同志对传统知行观的批判和继承，对中庸概念和大同概念的新解等。

毛泽东同志从中华优秀传统文化中为发展中国化马克思主义汲取丰富的理论滋养，其对于当下推进"第二个结合"具有十分重要的方法论启示意义。一方面，推进马克思主义基本原理同中华优秀传统文化相结合，必须首先探寻二者之间进行融通的"同类项"。毛泽东同志之所以能够从传统文化中找到实事求是概念阐释中国共产党的思想路线，关键在于中国古代朴素唯物论的传统与马克思主义辩证唯物论之间存在着一定的契合性，这也是他之所以将《实践论》一文的副标题确定为"论认识和实践的关系——知和行的关系"的重要考虑所在。有学者在阐释中国人缘何能够理解马克思主义辩证法的问题时，提出中华传统文化中的朴素辩证法思维，尤其是《易经》中的"通变"思维构成了重要的中介。新时代推进"第二个结合"，必须首先着力发掘二者之间存在但尚未引起足够重视的内在融通性与契合性。另一方面，结合不能单纯从概念范式的学院式研究出发，必须着眼于现实的需要。毛泽东同志之所以推动"第二个结合"，绝非单纯对

学术圆桌

文化问题的兴趣使然，也不是意图建构抽象的理论体系，而是直面中国革命的重大现实问题，从传统文化中汲取改造现实的实践经验和智慧滋养。新时代推动"第二个结合"不能将其规制为单纯的学术研究范畴——这无疑背离了马克思主义中国化以及"第二个结合"的原初逻辑起点，而是要在求索中国问题、回答时代之问中推进"第二个结合"，最终落脚到从中华优秀传统文化中增强"走自己的路"的历史自觉与历史自信。正如习近平总书记所说的，"我们要特别重视挖掘中华五千年文明中的精华，把弘扬优秀传统文化同马克思主义立场观点方法结合起来，坚定不移走中国特色社会主义道路"。

第三，积极推进价值理念层面的深度融合。党的二十大报告在对马克思主义基本原理同中华优秀传统文化相结合的具体阐述中指出，必须"把马克思主义思想精髓同中华优秀传统文化精华贯通起来、同人民群众日用而不觉的共同价值观念融通起来"。这意味着新时代推进"第二个结合"不能单纯停留在形式或内容层面，而是既要超越单纯从形式比附的角度理解马克思主义，也要超越单纯改造传统文化中相关观点的内容更新，从而上升到更加普遍、更加宽广的价值理念层面进行二者的深度融合。价值理念是超越话语表达形式和内容呈现的更为基础、更为深层的逻辑环节，其决定了认识世界、改造世界的基本方法和路径走向。因此，从价值理念层面推进马克思主义基本原理同中华优秀传统文化相结合，有助于使马克思主义在当代中国进一步落地生根、进一步融入人民群众的文化心理结构，使之成为新时代新征程上改造主观世界和客观世界更加锐利的思想武器。有学者指出："马克思主义与中国传统文化相结合，马克思主义的中国化，从根本上讲，就是马克思主义与中华民族的民族精神相融合，就是马克思主义在吸取、融入中华民族民族精神的同时，又赋予中华民族民族精神以新的活力和内容。"进而言之，新时代之所以强调"第二个结合"，绝非单纯回归以往业已完成或推进了的实践——从形式和内容层面进行结合，而是更加强调开启一种结合的全新典范，即通过价值理念层面的融合融通，使马克思主义更加融入日常生活世界，增强其阐释现实问题、引领实践走向的价值功能。

如果说"第一个结合"主要侧重于中国经验的马克思主义"化"，那么"第二个结合"则主要侧重于直面现实生活世界，塑造新的生活样态，进而在此基础上实现人类文明新形态的创造。马克思主义并不是漂浮在现实生活世界之上的"无根浮萍"，而是深深扎根现实实践，从优秀传统文化中不断汲取滋养的。增强马克思主义在当代现实生活中的"有根性",就必然要在价值理念层面推进"第二个结合"。当然,强调价值层面的结合,并不是否定形式和内容层面的结合,而是在继承上述二者的基础上推进"第二个结合"走向新的高度。

理论之维:从"自在自为"到高度"自觉自信"的转变

新时代中国共产党在坚持马克思主义基本原理同中国具体实际相结合的基础上,明确提出同中华优秀传统文化相结合,集中凸显了党高度的理论自觉与理论自信,同时彰显了从"自在自为"到高度"自觉自信"的转变。之所以能够产生这种转变,是在立足新时代中国特色社会主义伟大实践的基础上,在总结中国共产党百年来在推进马克思主义与中华优秀传统文化的结合中积累的丰富经验的基础上,对马克思主义中国化命题的新阐释。

第一,高度的自觉自信,源于新时代中国特色社会主义实践所取得的巨大成就。党的十八大以来,我们在经济、政治、文化、社会和生态文明等方面取得了举世瞩目的成就,

学术圆桌

在全面建成小康社会之后开启了全面建设社会主义现代化国家的新征程，实现中华民族伟大复兴迎来了光明前景。党的二十大报告指出："十年来，我们经历了对党和人民事业具有重大现实意义和深远历史意义的三件大事：一是迎来中国共产党成立一百周年，二是中国特色社会主义进入新时代，三是完成脱贫攻坚、全面建成小康社会的历史任务，实现第一个百年奋斗目标。"比如，我们打赢了人类历史上规模最大的脱贫攻坚战，历史性地解决了绝对贫困问题，顺利完成全面建成小康社会的历史任务。再如，十年来我们贯彻新发展理念，着力推进高质量发展，我国经济实力实现历史性跃升，经济总量稳居世界第二位。这些巨大成就为实现马克思主义基本原理同中华优秀传统文化的结合奠定了坚实的物质基础和现实条件。可以说，这些巨大的成就是中国共产党人在新时代推进马克思主义基本原理同中华优秀传统文化相结合的底气所在。

毛泽东同志在论及文化时曾指出，"一定的文化是一定社会的政治和经济在观念形态上的反映"。这一观点遵循了唯物史观的基本原理，即经济基础决定上层建筑。文化作为一种观念形态，必然受到一定的物质经济条件制约。新时代推进马克思主义基本原理同中华优秀传统文化相结合的一个

学术圆桌

基本物质前提，就是新时代中国特色社会主义实践所取得的巨大成就，离开这一前提谈论两者的结合只能是空中楼阁。此外，新时代中国特色社会主义的伟大实践，也为两者的结合提供了丰富的感性材料，以及现实的问题指向。

当然，我们强调两者结合的物质经济基础，并不是要否定中华优秀传统文化自身所蕴含的人文价值，更不是在文化的优劣与经济实力的强弱之间画等号。我们强调文化的重要作用，但要警惕陷入泛文化主义的历史窠臼。在对待传统文化的态度方面，我们不仅要避免"全盘西化"的文化虚无主义倾向，避免文化复古主义倾向，而且要立足于新时代的文化场域，高度警惕泛文化主义的倾向。回顾中国近代以来的历史，先进知识分子对民族救亡图存道路的探求存在一条逻辑进路，即从器物到制度再到文化，也就是说，探求救亡图强的道路最终都把目光聚焦到文化方面。中国近代社会的失败不是单一的经济、政治或文化落后的问题，而是一个总体性的文明类型问题，具体而言，是工业文明对农业文明的胜利。因此，当我们回顾近代以来的中国历史，单方面强调学习西方的器物，到学习西方的政治制度，再到批判自身文化进而学习西方文化，其实都不能真正解决中国的现实困境。这一逻辑进路给我们留下了深刻的启示，即社会问题、时代

学术圆桌

问题的求解往往都会落脚在文化层面的探讨，但我们要避免陷入泛文化主义的历史窠臼。文化很重要，但是文化不能解决所有问题，片面夸大文化的重要性只会适得其反，这一点已经被历史反复证明。文化是经济政治的反映，这就要求我们不能孤立看待文化问题，而应该把文化问题纳入社会这一整体之中加以考量，特别是把对文化问题的思考建基在现实物质生产条件之上。

第二，高度的自觉自信，源于对中国共产党百年来推进马克思主义同中华优秀传统文化相结合的丰富经验的总结。如前所述，回顾马克思主义与中华优秀传统文化结合的历史过程，中国共产党人在实现两者结合的过程中积累了丰富的经验。马克思主义中国化历史进程中所实现的三次飞跃，都离不开中华优秀传统文化这一文化沃土的滋养。以《实践论》和《矛盾论》为例，"两论"无疑是马克思主义基本原理同中国具体实际相结合的典范，也是马克思主义基本原理同中华优秀传统文化相结合的典范。需要看到的是，中华文化在蕴含着优秀文化因子的同时，也包含着受特定时代局限所导致的封建糟粕成分。因此，在推进马克思主义基本原理同中华优秀传统文化相结合的过程中，还有一个重要的任务，就是警惕中华传统文化中一些消极因素的影响。我们必须清醒意识到，在两者的结合过程中，传统文化的消极影响有时候是不可避免的，因为很多时候积极因素和消极因素就如同共生矿一般密不可分。这就需要在结合的过程中运用马克思主义的立场、观点和方法对中华传统文化加以甄别，做到"去粗取精""去伪存真"，真正发挥中华优秀传统文化的时代价值。

中国共产党在推进"两个结合"的过程中，科学把握了马克思主义与传统文化之间的辩证关系。在"两个结合"视阈中的马克思主义是马克思主义基本原理，中华传统文化则是中华优秀传统文化。这一科学严谨的表述，本身也凸显了中国共产党人对马克思主义中国化的高度理论自觉，尤其是对新时代推进马克思主义与中华优秀传统文化结合的高度自信。学界在理解"第二个结合"时，全面区分了传统文化中存在的积极因素与封建糟粕的消极因素，并且集中探讨了如何科学推进与中华优秀传统文化结合的问题。但对于马克思主义究竟为何，一般都将其作为不言自明的结论。

实际上，必须看到的是，"两个结合"所论述的马克思主义。是马克思主义基本原理，其包括马克思主义哲学、政治经济学和科学社会主义的基本观点。以马克思主义哲学为例，这些基本原理就包括马克思主义哲学的本体论、认识论、辩证法和唯物史观等具体原理。如果说《实践论》和《矛盾论》，实现了马克思主义认识论和辩证法与中华传统文化中朴素认识论和辩证法思想的有机融合，那么，新时代中国特色社会主义的伟大实践，则对马克思主义基本原理同中华优秀传统文化的结合提出了新的理论要求。在笔者看来，人类命运共同体概念的提出，就很好地实现了马克思的类概念与中华优秀传统文化中"和"的价值理念的有机结合，是新时代推进马克思主义基本原理同中华优秀传统文化相结合的新典范，可以说是新时代的《实践论》和《矛盾论》。

第三，高度的自觉自信，体现在马克思主义中国化"两个结合"的内在逻辑关系中。1938年，毛泽东同志在题为《论新阶段》的报告中首次提出并阐述了马克思主义中国化的命题。他指出："使马克思主义在中国具体化，使之在其每一表现中带着必须有的中国的特性，即是说，按照中国的特点去应用它，成为全党亟待了解并亟须解决的问题。"众所周知，这里的"使马克思主义在中国具体化"，最初的表述就是"马克思主义的中国化"。此后，毛泽东同志在关于马克思主义中国化的论述中，有时也将其具体表述为"一定要把马克思列宁主义的普遍真理和本国的具体情况这两个方面结合起来"。这里说的"具体情况"，自然包含中国的具体实际和中华优秀传统文化两部分内容。也就是说，在关于马克思主

学术圆桌 ●

中国化"一个结合"的表述中，中华优秀传统文化是蕴含在中国的具体实际之中的。

习近平总书记在庆祝中国共产党成立 100 周年大会上首次明确提出马克思主义中国化"两个结合"的新论断，从"一个结合"到"两个结合"的阐述，凸显了马克思主义基本原理同中华优秀传统文化相结合的意义和价值。习近平总书记在党的二十大报告中指出："实践告诉我们，中国共产党为什么能，中国特色社会主义为什么好，归根到底是马克思主义行，是中国化时代化的马克思主义行。"马克思主义之所以行，是因为马克思主义是科学的理论，是科学的世界观和方法论；中国化时代化的马克思主义行，是因为它不仅具有马克思主义的科学性这个一般属性，而且实现了马克思主义基本原理同中国具体实际的结合、同中华优秀传统文化的结合。回顾马克思主义中国化的百年历史，在马克思主义中国化理论成果的指引下，中华民族迎来了从站起来、富起来到强起来的伟大飞跃，在这一过程中马克思主义基本原理同中华优秀传统文化的结合，包含在马克思主义中国化的历史进程中，而在全面建设社会主义现代化国家的新征程中，两者的结合则被赋予了新的历史重任。

有学者在阐释马克思主义中国化"两个结合"的关系问

题时指出:"马克思主义基本原理同中华优秀传统文化相结合,是前一个结合在文化层面的延伸、发展与深化,决定着马克思主义中国化深入人心、掌握群众、影响社会的程度,决定着马克思主义深刻改变中国命运、改变民族面貌的程度,同时又为在实践中充分发挥马克思主义思想伟力提供着深厚的、源源不断的文化支撑。"因此,从这一意义上说,马克思主义中国化的"两个结合"之间既不是蕴含关系,也不是并列关系,而是递进关系。概言之,"第二个结合"是建立在对"第一个结合"实践基础之上的文化反映,这一文化反映反过来又促进和推动马克思主义中国化整个历史进程的新发展。如果从蕴含关系或并列关系的角度理解和把握"两个结合"的内部结构关系,就在一定程度上遮蔽了马克思主义基本原理同中华优秀传统文化相结合的现实意义和价值。

现实之维:从"中国之问"到 "世界之问"的解答

推进马克思主义基本原理同中华优秀传统文化相结合,并非单纯基于中国维度的理论与实践探索,其中诸多内容实际上已经突破了单纯民族性价值而上升到具有世界历史意

学术圆桌

义的维度。这意味着，深刻把握"第二个结合"的时代意蕴，不仅需要从中华5000多年文明的历史谱系出发加以理解，而且需要从人类社会历史发展的整体维度，尤其是从把握人类文明未来走向的历史高度加以深刻定位。换言之，"第二个结合"中所蕴含的时代价值，不仅是直面"中国之问"，而且是对"世界之问"的积极回答。

第一，马克思主义基本原理同中华优秀传统文化的结合，是对中国近代以来文化自卑心理的超越和彻底批判。1840年鸦片战争以后，中国在西方列强坚船利炮的冲击下，不仅遭遇"国家蒙辱""人民蒙难"的悲惨境遇，而且直接面临"文明蒙尘"的文化困境。中华民族数千年引以为傲的璀璨文明，开始遭受巨大的历史性解构，文化否定、文化自卑成为一些人在"亡国灭种"危机情况下，对传统文化认识的心理转折。近代中国开始了一系列学习西方的探索，先后经历了从"器物"到"制度"再到"文化"的转变。尤其是在五四新文化运动中，产生了激烈的反传统主义，期冀从西方文化中汲取解决救亡图存问题的"药方"。但上述探索无一例外最终都走向了失败，因为脱离本国实际与本土文化语境的全盘模拟，必然会产生"水土不服"的理论尴尬。因此，中国共产党明确提出必须结合中华优秀传统文化发展马克思主义的主张，并在革命、建设和改革各个时期的实践探索中，彰显出其强大的理论生命力。

在中国特色社会主义进入新时代的历史背景下，中国式现代化实际上深深扎根于中华优秀传统文化之中，探寻中国式现代化的成功经验、剖析人类文明新形态的特质，必须从中华优秀传统文化中汲取智慧的滋养。正如习近平总书记指出的："如果没有中华五千年文明，哪里有什么中国特色？如果不是中国特色，哪有我们今天这么成功的中国特色社会主义道路？"从中华优秀传统文化而非外来文化中汲取坚定"走自己的路"的理论自信，实际上深刻折射出新时代中国共产党人的文化自信自强姿态，深刻凸显中华优秀传统文化在推进党的理论创新过程中的基础性作用。

第二，马克思主义基本原理同中华优秀传统文化的结合，为开创中国式现代化提供新动力。中国式现代化是中国共产党关于未来社会发展图景的理想规划，新时代中国共产党人为实现中国式现代化勾勒了"两步走"的战略规划，即到2035年基本实现社会主义现代化，到21世纪中叶建成富强民主文明和谐美丽的社会主义现代化强国。

习近平总书记在党的二十大报告中指出："中国式现代化，是中国共产党领导的社会主义现代化，既有各国现代化

学术圆桌

的共同特征，更有基于自己国情的中国特色。"在关于中国式现代化具体特征和本质要求的具体阐述中，我们可以看到马克思主义和中华优秀传统文化诸多价值理念的底蕴。比如，中国式现代化是走和平发展道路的现代化，这一特质不仅是对西方一些国家现代化老路的批判性反思，更是对中华优秀传统文化中和平主义价值理念的继承和超越。不论是儒家"有秩序的和平主义"、道家"法自然的和平主义"，还是墨家"行动的和平主义"，我们都可以看到中华传统文化中这些主要思想流派内在蕴含的和平诉求。可以说，中华传统文化是一种崇尚和平的文化，其中没有对外侵略的基因。此外，现代化并非单纯物质或技术层面的现代革新，同时也意味着人自身在生活方式、行为模式、心理态度、价值观念等方面的现代化。不同于西方现代化以资本逻辑为中心，中国式现代化始终强调人是现代化的历史主体。从人的现代化角度而言，马克思主义和中华优秀传统文化的理论特质无疑提供了重要的思想资源。比如，马克思主义关于"人的自由全面发展"的学说，关于异化的理论，中华优秀传统文化中关于心性修养的学说，对于人的现代化问题都具有重大的现实意义。从现代化的双重逻辑而言，马克思主义中国化的"两个结合"论断正好回应了现代化的双重需要。

学术圆桌 ●

　　第三，马克思主义基本原理同中华优秀传统文化的结合，大大推进人类文明新形态的创造。当前人类现代化道路荆棘丛生，人类文明发展步入"十字路口"，这些实际上都已经集中折射出西方文化理念在解决当代全球发展问题时的"理论失灵"。在第一次世界大战时，西方社会就出现过"西方文明没落"的讨论，并提出中华文明作为未来引领人类文明走向的可能性问题。但随着近代中国不断陷入落后挨打的历史深渊，关于中华文明与21世纪人类文明走向问题的讨论被人为规制了。

　　今天，在面临中华民族伟大复兴战略全局和世界百年未有之大变局相互交织，尤其是面对"世界怎么了、我们怎么办"的重大时代课题考验的历史背景下，重新思考中华优秀传统文化之于"世界之问"的求解、之于引领21世纪人类文明走向的价值意义，具备了前所未有的可能性。当然，必须看到的是，强调发掘中华优秀传统文化精华以回应时代之变，并不是如一些人所言的那样是要通过"返本"完成"开新"。单纯回到"故纸堆"的经院式做法，所得到的只能是关于传统的一种全新解释框架或理论观点，并不能在指导现实实践展开层面完成"开新"的功能。中华优秀传统文化的创造性转化、创新性发展必须与现实生活相贯通，从现实层

学术圆桌

面，特别是从人类社会面临的普遍性问题出发，系统梳理中华优秀传统文化的现代价值。正如习近平总书记指出的："中国优秀传统文化的丰富哲学思想、人文精神、教化思想、道德理念等，可以为人们认识和改造世界提供有益启迪，可以为治国理政提供有益启示，也可以为道德建设提供有益启发。"习近平总书记进一步强调："中华优秀传统文化是中华民族的文化根脉，其蕴含的思想观念、人文精神、道德规范，不仅是我们中国人思想和精神的内核，对解决人类问题也有重要价值。"不难看出，习近平总书记对于中华优秀传统文化的时代价值分析已经超出了中华优秀传统文化的特殊性界限，而是把中华优秀传统文化置于世界历史和人类发展的更广阔的视野之中。质言之，中华优秀传统文化不仅对于解决中国的现实问题具有重大的启迪、启示和启发，而且对于解决当今人类发展面临的重大问题具有重大的意义和价值。

（《马克思主义研究》2023 年第 2 期）

学术圆桌

马克思主义基本原理同中华优秀传统文化相结合的系统分析

洪晓楠

习近平总书记在党的二十大报告中强调:"坚持和发展马克思主义,必须同中华优秀传统文化相结合。"6月2日,在文化传承发展座谈会,习近平总书记指出,"第二个结合",是我们党对马克思主义中国化时代化历史经验的深刻总结,是对中华文明发展规律的深刻把握。在五千多年中华文明深厚基础上开辟和发展中国特色社会主义,把马克思主义基本原理同中国具体实际、同中华优秀传统文化相结合是必由之路。这是我们在探索中国特色社会主义道路中得出的规律性认识,是我们取得成功的最大法宝。习近平总书记深刻揭示"两个结合"的重大意义,深入阐明"第二个结合"的精髓要义,进一步拓展和深化了我们党对推进马克思主义中国化时代化的规律性认识,标志着中国共产党人对中国特色社会主义的理解和认识已经更为深刻地进入文化和文明的层面,为在新的历史起点上不断推进党的理论创新提供了科学指引。

学术圆桌

"结合"的前提是彼此契合

马克思主义和中华优秀传统文化来源不同，但彼此存在高度的契合性。党的二十大报告作出了一个重大判断："中华优秀传统文化源远流长、博大精深，是中华文明的智慧结晶，其中蕴含的天下为公、民为邦本、为政以德、革故鼎新、任人唯贤、天人合一、自强不息、厚德载物、讲信修睦、亲仁善邻等，是中国人民在长期生产生活中积累的宇宙观、天下观、社会观、道德观的重要体现，同科学社会主义价值观主张具有高度契合性。"

在宇宙观上，马克思主义主张人与自然和谐共生，中华文明追求"天人合一""道法自然"。在天下观上，马克思主义追求人类解放，中华文明讲求"天下为公""大同世界""协和万邦""天下大同"。在社会观上，马克思主义坚持矛盾分析，中华文明秉持"和而不同""和谐相处"。在道德观上，马克思主义追求人类精神境界极大提高，中华文明讲求推己及人，善养浩然之气，德主刑辅、以德化人，民贵君轻、政在养民，孝悌忠信、礼义廉耻，任人唯贤、选贤与能。一般而言，"结合"主要是指人或事物间发生密切联系。"结合"不是"混合"，不是"掺合"。"契合"主要是指"符合""合得来；意气相投"。马克思主义基本原理同中华优秀传统文化相结合中的"结合"，主要就是指两者之间发生的"密切联系"。就此而言，"契合"则是在"密切联系"的基础上才能形成的。相互契合才能有机结合。习近平总书记指出，"马克思主义传入中国后，科学社会主义的主张受到中国人民热烈欢迎，并最终扎根中国大地、开花结果，决不是偶然的，而是同我国传承了几千年的优秀历史文化和广大人民日用而不觉的价值观念融通的"。

"结合"的结果是互相成就

"结合"的结果是互相成就，造就了一个有机统一的新的文化生命体，让马克思主义成为中国的，中华优秀传统文化成为现代的，让经由"结合"而形成的新文化成为中国式现代化的文化形态。"结合"不是拼盘，不是简单的物理反应，而是深刻的化学反应。

"马克思主义进入中国，既引发了中华文明的深刻变革，也走过了一个逐步中国化的过程。"一方面，马克思主义通过与中华优秀传统文化相结合，赋予了中华优秀传统文化新的生机与活力。中华传统文化的命运不在于传统文化本身，

▌学术圆桌●

而是取决于能否运用马克思主义的立场、观点和方法去改造、革新、重塑传统文化。另一方面，中华优秀传统文化必须同马克思主义基本原理密切结合，才能提升到更高的水平。中华传统文化发源于绵延5000多年的农耕文明，建立在自给自足的小农经济社会基础之上。因此，它所具有的唯物主义和辩证法思想都是朴素的，是基于生活经验的抽象思辨，并非完全建立在科学的基础之上。马克思主义产生于现代工业文明，关键是实现了中国化时代化，因此，一方面在很大程度上能够激活中华优秀传统文化的现代性，另一方面能够从后现代文明的视角避免现代工业文明的弊端，可以在更高程度上提升中华文明。中华优秀传统文化同马克思主义相遇，从而产生了深刻的"化学"反应。中华优秀传统文化使马克思主义获得丰富的文化滋养，所以中国化马克思主义具有鲜明的中国风格、中国气派。马克思主义通过同中华优秀传统文化相结合，使马克思主义本身得到了进一步的发展和证明。"马克思主义的科学性和真理性在中国得到充分检验，马克思主义的人民性和实践性在中国得到充分贯彻，马克思主义的开放性和时代性在中国得到充分彰显。"这表明，不仅马克思主义没有辜负中国，中国也没有辜负马克思主义。两者相互成就的结果，就是"马克思主义中国化时代化不断取得成功，使马克思主义以崭新形象展现在世界上，使世界范围内社会主义和资本主义两种意识形态、两种社会制度的历史演进及其较量发生了有利于社会主义的重大转变"。

"结合"筑牢了道路根基

"结合"筑牢了道路根基，让中国特色社会主义道路有了更加宏阔深远的历史纵深，拓展了中国特色社会主义道路的文化根基。早在 2018 年 1 月 5 日，习近平总书记在学习贯彻党的十九大精神研讨班开班式上就指出："中国特色社会主义不是从天上掉下来的，而是在改革开放 40 年的伟大实践中得来的，是在中华人民共和国成立近 70 年的持续探索中得来的，是在我们党领导人民进行伟大社会革命 97 年的实践中得来的，是在近代以来中华民族由衰到盛 170 多年的历史进程中得来的，是对中华文明 5000 多年的传承发展中得来的，是党和人民历经千辛万苦、付出各种代价取得的宝贵成果。得到这个成果极不容易。"2021 年 3 月 22 日，习近平总书记在福建武夷山朱熹园感慨道："如果没有中华五千年文明，哪里有什么中国特色？如果不是中国特色，哪有我们今天这么成功的中国特色社会主义道路？"在文化传承发展座

学术圆桌

谈会上，习近平总书记又语重心长地指出："我们的社会主义为什么不一样？为什么能够生机勃勃充满活力？关键就在于中国特色，中国特色的关键就在于'两个结合'。"

"中国特色社会主义道路，是在马克思主义指导下走出来的，也是从5000多年中华文明史中走出来的"；"只有立足波澜壮阔的中华五千多年文明史，才能真正理解中国道路的历史必然、文化内涵与独特优势。历史正反两方面的经验表明，'两个结合'是我们取得成功的最大法宝"。中国式现代化赋予中华文明以现代力量，中华文明赋予中国式现代化以深厚底蕴。这一人类文明新形态，深深植根于中华优秀传统文化，体现科学社会主义的先进本质，借鉴吸收一切人类优秀文明成果，代表人类文明进步的发展方向，展现了不同于西方现代化模式的新图景。

"结合"打开创新空间，

"结合"打开了创新空间，让我们掌握了思想和文化主动，并有力地作用于道路、理论和制度。习近平总书记强调："中华优秀传统文化是中华文明的智慧结晶和精华所在，是中华民族的根和魂，是我们在世界文化激荡中站稳脚跟的

▌学术圆桌

根基。"2016 年 5 月 17 日，在哲学社会科学工作座谈会上，习近平总书记指出："坚定中国特色社会主义道路自信、理论自信、制度自信，说到底是要坚定文化自信。文化自信是更基本、更深沉、更持久的力量。"中国共产党为什么能，中国特色社会主义为什么好，归根到底是马克思主义行，是中国化时代化的马克思主义行。如果说，"第一个结合"是一次思想解放，让中国共产党人清楚地知晓只有把马克思主义基本原理同中国具体实际相结合，才能解决中国的问题，才能从教条主义的马克思主义桎梏中解放出来，那么，"第二个结合"更为重要，是又一次的思想解放，让我们能够在更广阔的文化空间中，充分运用中华优秀传统文化的宝贵资源，实现中华优秀传统文化的创造性转化和创新性发展，实现马克思主义中国化时代化。

在坚守马克思主义大"道"的同时，充分汲取中华优秀传统文化智慧。习近平总书记将中华文化广泛应用于治国理政的方方面面，立足中华优秀传统文化又激活中华优秀传统文化，从价值与文明的高度加以创造和发展，使之成为推动中国特色社会主义事业发展的强大力量。"我们党开创的人民代表大会制度、政治协商制度，与中华文明的民本思想，天下共治理念，'共和'、'商量'的施政传统，'兼容并包、

学术圆桌

求同存异'的政治智慧都有深刻关联。我们没有搞联邦制、邦联制，确立了单一制国家形式，实行民族区域自治制度，就是顺应向内凝聚、多元一体的中华民族发展大趋势，承继九州共贯、六合同风、四海一家的中国文化大一统传统。"由此可见，通过实现"第二个结合"，我们党站在一个新的起点上探索面向未来的理论和制度创新，让中国特色社会主义在当代人类文明的发展与进步中熠熠生辉，绽放出更加耀眼的生机和活力。

"结合"巩固文化主体性

"结合"巩固了文化主体性，创立习近平新时代中国特色社会主义思想就是这一文化主体性的最有力体现。党的十八大以来，习近平总书记反复强调，要始终"坚守中华文化立场"。习近平新时代中国特色社会主义思想坚持把马克思主义基本原理同中国具体实际相结合、同中华优秀传统文化相结合，创造了中国式现代化道路，创造了人类文明新形态，使拥有5000多年文明史的中国实现了从站起来到富起来再到强起来的伟大飞跃。

习近平新时代中国特色社会主义思想既立足于现实的中

学术圆桌

国,又植根于历史的中国,具有强大的历史穿透力、文化感染力、精神感召力,是当代中国马克思主义、二十一世纪马克思主义,是中华文化和中国精神的时代精华,实现了马克思主义中国化时代化新的飞跃,为新时代党和国家事业发展提供了根本遵循。习近平新时代中国特色社会主义思想的创立,有力地证明了马克思主义同中华优秀传统文化应该而且可以实现结合。

马克思主义基本原理同中华优秀传统文化相结合的前提是彼此契合、结果是互相成就,筑牢了道路根基,打开了创新空间,巩固了文化主体性。"第二个结合"是我们党对马克思主义中国化时代化历史经验的深刻总结,是对中华文明发展规律的深刻把握,表明我们党对中国道路、理论、制度的认识达到了新的高度,表明我们党的历史自信、文化自信达到了新的高度,表明我们党在传承中华优秀传统文化中推进文化创新的自觉性达到了新的高度。我们不能躺在中华文明的历史殿堂里当"啃老族",而是要奋力建设中华民族现代文明。不仅需要在经济社会发展方面创造新的更大奇迹,也需要在文化建设和文明发展方面创造新的更大辉煌。

(《人民论坛·学术前沿》5月下)

深刻理解"第二个结合"是又一次思想解放

陶文昭

2023 年 6 月 2 日，习近平总书记在文化传承发展座谈会上提出："'第二个结合'是又一次的思想解放"。这个重大论断内涵丰富、意味深长，需要我们认真思考、深刻把握。

"又一次思想解放"的比对和针对

"两个结合"即"把马克思主义基本原理同中国具体实际相结合、同中华优秀传统文化相结合"。"'第二个结合'是又一次的思想解放"，这个论断让人很自然联想到与"第一个结合"、与之前的思想解放的对比。从"第一个结合"到"第二个结合"，从第一次思想解放到又一次思想解放，做这样的理解，语义上才是最为对称的，句式上才是最符合中文习惯的。

学术圆桌

（一）"第一个结合"所产生的思想解放

中国共产党的历史上，"第一个结合"的确产生了一场思想大解放。十月革命炮声所送来的马克思列宁主义，孕育了中国共产党。新生的中国共产党，作为共产国际的一个支部，受到苏联的强劲支持，因而当时我们党对马克思主义的认识、对中国革命的认识都不能不受到共产国际和苏联的影响。在一个时期内，我们党受到教条化地对待马克思主义、教条化地对待苏联经验的束缚，王明、博古等就是这种影响的理论和实践的代表人物。那时脱离了中国实际的理论，说起来引经据典、慷慨激昂，却不能很好认识中国问题，对中国革命造成了严重的错误和巨大的损失。党的历史上出现右倾和"左"倾错误，都与把马克思主义教条化有关，都与把共产国际决议和苏联经验神圣化有关。

毛泽东同志提出了"马克思主义中国化"的命题，把马克思主义基本原理同中国具体实际结合起来。"我们要把马、恩、列、斯的方法用到中国来，在中国创造出一些新的东西。只有一般的理论，不用于中国的实际，打不得敌人。但如果把理论用到实际上去，用马克思主义的立场、方法来解决中国问题，创造些新的东西，这样就用得了。""第一个结合"将我们从教条主义束缚中解放出来，从本本主义束缚

· 学术圆桌 ·

中解放出来，致力于从中国具体实际中进行探索。我们党在这"第一个结合"中，解决了中国革命道路问题，找到了一条不同于苏俄的、适合中国自己国情的革命道路：农村包围城市，武装夺取政权；解决了中国共产党自身建设问题，在一个无产阶级占少数、农民占绝大多数的国家，强调把思想建设摆在突出位置，无论出生于什么阶级，入党首先要在思想上入党。新中国成立后，我们尝试"再次结合"，以苏联为鉴戒，初步探索中国社会主义建设的道路，正确处理经济和社会发展中的各种重要关系，统筹推进中国的工业化、现代化。总体而言，毛泽东思想是"第一个结合"的产物。

（二）以前和新近的思想解放

如果不拘泥于"两个结合"限定，就更广义的思想解放而言，"又一次"可以是相对以前的思想解放，尤其是上一次的思想解放来说的。这种广义的理解，尽管针对性不是很精准，却也有一定的参考意义。的确，人类历史上有过很多次大的思想解放。世界近代史上，文艺复兴是一次思想解放，启蒙运动也是一次思想解放，它们对资本主义的产生和发展提供了重要的理论支持。中国近代史上，社会剧烈的转型中伴随着多次重要的思想激荡，维新变法是，辛亥革命是，而高举"民主""科学"的新文化运动更是一次空前的思想解放运动。

回顾新近的思想解放，则聚焦于改革开放以来四十多年历程。邓小平同志曾严肃指出："一个国家，一个民族，如果一切从本本出发，思想僵化，迷信盛行，那它就不能前进，它的生机就停止了，就要亡党亡国。"20世纪70年代末，以真理标准讨论为标志，以实践作为检验真理的唯一标准，重新认识马克思主义，荡涤对其错误的和教条式的理解，开启了改革开放，开辟了中国特色社会主义道路。20世纪90年代初，在国内外复杂的形势下，在改革开放向何处去的紧要关头，邓小平同志发表南方谈话，围绕社会主义本质这个根本问题，对一系列当时困惑人们的重要理论和实践问题做出了新的回答，成为又一个思想解放的宣言书，把改革开放和社会主义现代化建设推向新的阶段。

（三）关于如何认识中华传统文化的思想解放

比之"第一个结合"引发的思想解放，"第二个结合"引发的又一次思想解放，所主要针对的是"历史虚无主义""文化虚无主义"等错误思潮。思想解放就是摆脱禁锢，从对中华传统文化的误解和迟疑中解放出来。

中国共产党对中华传统文化的认知和政策，有过复杂的、曲折的过程。一方面，我们认识到传统文化的重要性。毛泽东

学术圆桌

同志说过:"我们这个民族有数千年的历史,有它的特点,有它的许多珍贵品。对于这些,我们还是小学生。今天的中国是历史的中国的一个发展;我们是马克思主义的历史主义者,我们不应当割断历史。从孔夫子到孙中山,我们应当给以总结,承继这一份珍贵的遗产。这对于指导当前的伟大的运动,是有重要的帮助的。"他甚至还说:"孔夫子所以成为圣人,是因为他是革命党,到处参加造反。说孔夫子著春秋'而乱臣贼子惧',那是孟子讲的。其实当时孔夫子周游列国,就是哪里造反他就到哪里去,哪里想革命他就到哪里去。所以此人不可一笔抹煞,不能简单地就是'打倒孔家店'。"毛泽东同志曾引用过孔夫子的思想、儒家的思想、诸子百家的思想,诸如用"愚公移山"说明革命任务,把"实事求是"作为党的思想路线,等等。

另一方面,我们在理论上对传统文化总体上是批判的,在实践上更有过火的、损害的行为。历史唯物主义从经济基础和上层建筑关系分析文化和意识形态的实质,认为"统治阶级的思想在每一时代都是占统治地位的思想"。《共产党宣言》中提出著名的"两个决裂"的论断:"共产主义革命就是同传统的所有制关系实行最彻底的决裂;毫不奇怪,它在自己的发展进程中要同传统的观念实行最彻底的决裂。"中国

▎学术圆桌

传统文化毫无疑问属于"传统的观念",本质上代表的是历史上统治阶级的利益,因而我们总体上对其所采取的是批评的、革命的态度。无论是中国共产党成立之前新文化运动的"打倒孔家店",还是民主革命中针对国民党"尊孔复古"的批判,还是新中国成立之后的"文化大革命"以及"批林批孔"等,都是对以孔子儒家为代表的传统文化持批判态度。在曾经的"破四旧"运动中,对历史文物所造成的损失是空前的,包括孔府孔庙等遭到了严重破坏。这些都是我们必须正视和反思的历史。

党的十八大以来,以习近平同志为核心的党中央,对中华传统文化有了更深刻的、更全面的认识。2013 年 11 月,习近平总书记到山东曲阜考察,在孔子研究院同有关专家学者代表座谈中表示:"中华民族有着源远流长的传统文化,也一定能创造中华文化新的辉煌。""我这次来曲阜就是要发出一个信息:要大力弘扬中国传统文化。"2014 年,习近平总书记在纪念孔子诞辰 2565 周年讲话中指出:"在带领中国人民进行革命、建设、改革的长期历史实践中,中国共产党人始终是中国优秀传统文化的忠实继承者和弘扬者",这是极为重大的政治判断。2021 年,习近平总书记在庆祝中国共产党成立 100 周年大会上首次明确提出"两个结合"。从"一个结合"到"两个结合",是我们党的一次重大理论创新。2023 年,习近平总书记在文化传承发展座谈会上强调:"'第二个结合',是我们党对马克思主义中国化时代化历史经验的深刻总结,是对中华文明发展规律的深刻把握,表明我们党对中国道路、理论、制度的认识达到了新高度,表明我们党的历史自信、文化自信达到了新高度,表明我们党在传承中华优秀传统文化中推进文化创新的自觉性达到了新高度。"这其中的"两是""三表明"深邃精辟、意境高远,具有重要的理论和实践指导意义。

"又一次思想解放"的出发点和落脚点

"第二个结合"的又一次思想解放,"让我们能够在更广阔的文化空间中,充分运用中华优秀传统文化的宝贵资源,探索面向未来的理论和制度创新"。对于这个思想解放,我们要着重把握思想解放的目标,以及思想解放的出发点和落脚点。

(一)"又一次思想解放"要锚定中国式现代化的目标任务

思想解放不是随心所欲、无的放矢,而是有强烈问题意识、使命意识。在某种意义上,思想解放本身不是目的,不是为解放而解放,不是搞意识上的"内循环",而是通过思想解放,以思想的引领带动实践的创新,更好地完成使命任务。中国共产党的思想解放,从最本质来说都是为了建成社会主义现代化强国,实现中华民族伟大复兴。中国共产党百年历史中,通过不断解放思想,探寻革命、建设、改革的规律,取得一个又一个的胜利,不断推进中华民族伟大复兴的历史进程。

中国特色社会主义进入新时代,在中华民族迎来了从站起来、富起来到强起来伟大飞跃的关键时期,我们党明确提出"第二个结合",又一次思想解放就是为了完成我们的中心任务,以中国式现代化全面推进中华民族伟大复兴。聚焦于、服务于中心任务的思想解放,才是方向正确的解放、精准高效的解放。中国式现代化正是当前和今后一个时期理论和实践创新的焦点,又一次思想解放要着重在这个方面发力。中国式现代化具有鲜明的中国特色,这个"中国特色"不能不深深扎根于中华优秀传统文化。我们要坚持"第二个结合",以科学的态度继承和弘扬中华优秀传统文化,努力用中华民族创造的一切精神财富来拥抱新时代的现代化建设。中国式现代化是赓续古老文明的现代化,而不是消灭古老文明的现代化;是从中华大地长出来的现代化,不是照搬照抄

学术圆桌

其他国家的现代化；是文明更新的结果，而不是文明断裂的产物。让经由结合而形成的新文化，成为中国式现代化的文化形态。中国式现代化赋予中华文明以现代力量，中华文明赋予中国式现代化以深厚底蕴。

（二）"又一次思想解放"要以中华文明的突出特性为出发点

中华优秀传统文化有很多重要元素，共同塑造了中华文明的突出特性。只有全面深入了解中华文明的历史，才能鉴古知今，从历史的延长线中理解现实、预判未来。从思想史上看，中华传统文化大体经历了中国先秦诸子百家争鸣、两汉经学兴盛、魏晋南北朝玄学流行、隋唐儒释道并立、宋明理学发展等几个历史时期。这些时期各具风采而文脉相承，是当代文化赓续的基础。只有全面深入了解中华文明的特性，才能萃取精华，在创造性转化、创新性发展中建设中华民族现代文明。

中华传统文化极其庞大、非常复杂。如何看待中华传统文化，如何分清其中的精华与糟粕，既是重大的政治命题，又是复杂的学理难题，长期争论不休、难有共识。须知，我们解放思想的出发点，不是所有的传统文化，而是其中的优秀传统文化。"传统文化在其形成和发展过程中，不可避免

学术圆桌

会受到当时人们的认识水平、时代条件、社会制度的局限性的制约和影响，因而也不可避免会存在陈旧过时或已成为糟粕性的东西。"显然，我们所要的结合，是同优势结合，而不是同劣势、缺点结合。优秀传统文化也很多，要更聚焦于其突出的特性。习近平总书记概括了中华文明的五大突出特性，包括中华文明的连续性、创新性、统一性、包容性、和平性。这些既是结合的出发点、立足点，也是结合成果的生长点。我们从连续性中，坚定文化自信，坚定走自己的路；从创新性中，勇于面对新挑战，勇于接受新事物；从统一性中，坚定维护国家统一、民族团结，坚决捍卫国家核心利益；从包容性中，坚持民族交往交流交融，对世界文明兼收并蓄；从和平性中，坚持立己达人，坚持合作、不搞对抗。

党的十八大以来，习近平总书记多次在不同场合对中华优秀传统文化的各个方面进行了论述和列举，全面展示了中华优秀传统文化的要素，如天下为公、天下大同的社会理想，民为邦本、为政以德的治理思想，九州共贯、多元一体的大一统传统，修齐治平、兴亡有责的家国情怀，厚德载物、明德弘道的精神追求，富民厚生、义利兼顾的经济伦理，天人合一、万物并育的生态理念，实事求是、知行合一的哲学思想，执两用中、守中致和的思维方法，讲信修睦、亲仁善邻

学术圆桌

的交往之道等。的确，"像这样的思想和理念，不论过去还是现在，都有其鲜明的民族特色，都有其永不褪色的时代价值。"这也是马克思主义同中华优秀传统文化能够结合的内在基础。

（三）"又一次思想解放"要以推进马克思主义中国化时代化为落脚点

"马克思主义是我们立党立国的根本指导思想。背离或放弃马克思主义，我们党就会失去灵魂、迷失方向。"同时，"我们走中国特色社会主义道路，一定要推进马克思主义中国化。如果没有中华五千年文明，哪里有什么中国特色？如果不是中国特色，哪有我们今天这么成功的中国特色社会主义道路？我们要特别重视挖掘中华五千年文明中的精华，把弘扬优秀传统文化同马克思主义立场观点方法结合起来，坚定不移走中国特色社会主义道路。"开辟马克思主义中国化时代化新境界的重大任务，是当代中国共产党人的庄严历史责任。这要求我们既要坚持马克思主义，又要使之中国化时代化，这是"两个结合"的落脚点。

习近平总书记指出："马克思主义中国化时代化这个重大命题本身就决定，我们决不能抛弃马克思主义这个魂脉，决不能抛弃中华优秀传统文化这个根脉。坚守好这个魂和根，是理论创新的基础和前提。"在五千多年中华文明深厚基础上开辟和发展中国特色社会主义,"两个结合"是必由之路。"这是我们在探索中国特色社会主义道路中得出的规律性的认识,是我们取得成功的最大法宝。"结合的结果,不仅要让马克思主义成就中华优秀传统文化,更要让中华优秀传统文化成就马克思主义。要以马克思主义为指导对中华五千多年文明宝库进行全面挖掘,用马克思主义激活中华优秀传统文化中富有生命力的优秀因子并赋予新的时代内涵,将中华民族的伟大精神和丰富智慧更深层次地注入马克思主义。通过结合,让马克思主义说中国话、穿中国衣,实现"两通",即同中华优秀传统文化精华"贯通"起来、同人民群众日用而不觉的共同价值观念"融通"起来;夯实"两基",即马克思主义中国化时代化的历史基础和群众基础,让马克思主义在中国牢牢扎根。通过结合,让马克思主义的科学性和真理性在新时代得到更充分检验,让马克思主义的人民性和实践性在中国得到更充分贯彻,让马克思主义的开放性和时代性在21世纪得到更充分彰显。

(四)"又一次思想解放"要着眼于新时代治国理政

国家治理不是"飞来峰",而是拥有悠久绵延不断历史,内嵌着深厚的"道统""政统"。历史虽然是过去发生的事情,

学术圆桌

但总会以这样那样的方式出现在当今人们的生活之中。评价一个制度、一种力量是进步还是反动，重要的一点是看它对待历史、文化的态度。习近平总书记指出："对古代的成功经验，我们要本着择其善者而从之、其不善者而去之的科学态度，牢记历史经验、牢记历史教训、牢记历史警示，为推进国家治理体系和治理能力现代化提供有益借鉴。"

进入新时代，治理中国这样一个超大规模的、变化迅速的、复杂的国家，不可能简单复制国外的经验，必须立足于中国的实际，深植于中国的文化。"中国特色社会主义制度和国家治理体系具有深厚的历史底蕴。在几千年的历史演进中，中华民族创造了灿烂的古代文明，形成了关于国家制度和国家治理的丰富思想。"中国在人类发展几千年文明史上，曾经长期处于领先地位，不断积累逐步形成了一整套国家制度和国家治理体系，诸如集中统一的朝廷制度、郡县制度，选贤任能的科举制度、监察制度，等等。要治理好今天的中国，需要对我国历史文化传统有深入了解，需要对我国古代治理的经验智慧进行积极总结，打通中国治理上的历史血脉，推进国家治理体系和治理能力现代化。

（五）"又一次思想解放"要把握好结合的辩证法

认识到"两个结合"不容易，而将之落实落细更不容易。

不结合不行，生硬的结合、机械地结合也不行。运用之妙，存乎一心，拿捏精准需要辩证法。

一方面，结合不是文化复古主义。对于中国传统文化这个复杂的对象，哪些是优秀的，哪些是糟粕的，哪些应该继承和弘扬，哪些应当批判和抛弃，需要更为深入的具体问题具体分析。毛泽东同志指出："清理古代文化的发展过程，剔除其封建性的糟粕，吸收其民主性的精华，是发展民族新文化的提高民族自信心的必要条件；但是决不能无批判地兼收并蓄。"将中华传统文化视为一个整体、不分青红皂白唱赞歌，就不是好的结合。厚古薄今，搞文化复古主义，以儒学作为指导思想等等，这些不是"第二个结合"，而是"第二个结合"所要划清的界线，所要克服的现象。结合不是向后看，而是向前看，致力于创造性转化、创新性发展，要以"双创"来衡量结合的好坏。

另一方面，结合不是搞拼盘。马克思主义基本原理与中华优秀传统文化，两者如果完全不同，就结合不了，风马牛不相及，拉郎配是不行的；两者如果完全相同，就用不着结合，直接相加和代替就行了。结合的基础是契合，契合总的来说是不同之中有相同点。这些契合，有的是世界观方法论的契合，如辩证法等；有的是价值上的契合，如人民性等；

学术圆桌

有的是具体结论上的契合，如集体主义、共同富裕等。两者相同方面是结合的链接点，没有相同就不能结合。两者不同的方面对于结合更有意义，这正是使两者互相成就的地方。相同方面的相得益彰，不同方面的取长补短。这种结合不是简单的物理结合，而是更高、更深的化学结合、有机结合、生物结合，结合的结果"造就了一个有机统一的新的文化生命体"。

（《国家治理》2023年7月上）